開心

焦慮

傷心

生氣

沮喪

弄懂情緒腦
玩出高EQ

寫給親師的20個情緒遊戲，
以故事、互動遊戲玩出孩子的高情商

諮商心理學碩士&資深小兒科醫師
《小寶貝的情緒教養》暢銷書作者
廖璽璸醫師◎著

新手父母

CONTENTS 目錄

【作者序】 顧身體也要顧心理，用「心」疫苗預防心理疾病　　10

PART1 ｜腦科學篇｜
情緒教養，改變孩子大腦運作模式

1-1 先來說說大腦！ 　　14

▌教養之前，家長要先懂　　14

◎大腦是情緒的啟動及反應者：三重腦與情緒　　14

◎三重腦：爬蟲腦、哺乳腦與新腦　　15

　・第一重腦——爬蟲腦、生命腦：關乎存活的重要位置　　15

　・第二重腦——哺乳腦、情緒腦：情緒教育的根本源頭　　17

　・第三重腦——新腦、理性腦：情緒調節重要的一環　　20

◎三重變兩樓 ➡ 樓上腦＋樓下腦，孩子更好懂　　22

　・樓下腦（反射中樞＋情緒腦）　　23

　・樓上腦（新腦或理性腦）　　23

　・鉤束 ➡ 樓上腦與樓下腦連結梯　　23

　・樓上腦＋樓下腦，思考更順利　　24

◎神經可塑性，讓 EQ 上升變可能　　25

　・神經可塑性 ➡ 藉由學習改變腦結構　　25

　・神經可塑性的優秀證明　　26

　・利用神經可塑性來增加孩子的 EQ　　27

1-2 大人懂了，一起說給孩子聽 　　28

◎手模型與樓上腦樓下腦　　28

◎屋主與房客　　　　　　　　　　　　　　　　31

1-3　遊戲設計，深入學習　　　　　　　　　35

◎遊戲 1：畫一張大腦圖（樓上腦與樓下腦）　35

◎遊戲 2：看見神經可塑性　　　　　　　　　36

PART2 │情緒科學篇│

讀懂孩子的情緒

2-1　先來說說情緒！　　　　　　　　　　40

▌教養之前，家長要先懂　　　　　　　　　40

◎情緒涵蓋 4 個面向　　　　　　　　　　　41

◎人的情緒從何來？　　　　　　　　　　　42

◎情緒發展里程埤➔未來幸福力　　　　　　43

・0 ～ 3 個月初始情緒：身體的感受度是重點　44

・3 ～ 7 個月基本情緒：人與生俱來的情緒　45

・7 個月～ 3 歲複雜情緒：孩子自我感的 3 階段發展　46

◎情緒辨識力發展進程　　　　　　　　　　49

・3 個月大：已被外界左右　　　　　　　49

・7 個月大：會參考你我情緒來反應（社會參照力）　49

・2 ～ 3 歲後：開始命名簡單的情緒　　　50

・耐心教導情緒因果，替情緒命名　　　　50

◎情緒調節力發展進程，受父母與環境影響　53

CONTENTS 目錄

· 情緒調節力影響因子 53

· 實驗顯示後天影響巨大 54

· 情緒調節力時程 54

· 跟著情緒發展調步伐 56

◎社會情緒教育（SEL）是什麼？ 62

2-2 大人懂了，一起說給孩子聽 64

◎大人可以說故事：蓋吉變了！不再是原來的蓋吉！ 64

2-3 遊戲設計，深入學習 67

◎遊戲1：機器人與真人比一比 67

◎遊戲2：驚心氣球大考驗 68

PART3 ｜自覺篇｜
了解自己，自我情緒察覺

3-1 察覺自己力量大！ 72

■ 教養之前，家長要先懂 72

◎自我察覺能力如何培養？ 72

· 學習察覺內觀，培養情緒察覺力 73

· 察覺內觀如何影響情緒？ 73

· 察覺內觀對情緒的正面效果 74

◎調節情緒的重要步驟：留意情緒訊號 77

· 情緒俄羅斯娃娃，為情緒精準命名 77

・情緒會引發哪些身體反應？ 80

・探討引發情緒的真正原因 82

3-2 大人懂了，一起說給孩子聽 84

◎大人可以說故事：用測謊器來說情緒 84

3-3 遊戲設計，深入學習 88

◎遊戲 1：小朋友的察覺內觀遊戲 88

◎遊戲 2：小朋友的肌肉放鬆遊戲 89

◎遊戲 3：比手畫腳猜情緒 93

PART4 │社交篇│

孩子，我想更了解你

4-1 來說說社交察覺！ 96

▍教養之前，家長要先懂 96

◎主動式聆聽：察覺他人情緒的好方法 97

・主動式聆聽的 4 要點 98

・主動式聆聽與被動式聆聽的差異 99

・爸媽必學：主動式聆聽技巧提醒 100

・主動式聆聽與 6 到 103

◎珍貴的同理心：親子情感更貼近 106

・同情心與同理心的差別 106

・同理心，孩子 7 歲前不容易 107

・察覺他人情緒能力，培養同理心 108

CONTENTS 目錄

4-2　大人懂了，一起說給孩子聽　111

◎用「停看聽說」來說明主動式聆聽　111

◎大人可以說故事：說說同理心　113

4-3　遊戲設計，深入學習　117

◎遊戲1：聽清楚的遊戲：「老師說」　117

◎遊戲2：看仔細的遊戲：「什麼不見了？」　118

◎遊戲3：說明白的遊戲：「換句話說」　119

◎遊戲4：同理心影片　120

PART5 ｜調節篇｜
孩子的情緒調節力

5-1　來說說如何增強情緒調節力！　122

▌教養之前，家長要先懂　122

◎「停」的力量：察覺力量大　123

◎「想」的力量：從認知心理學擷取情緒調節力　123

・「想」的心理學：認知心理學，有助調節孩子的情緒　123

・想法的產物➡情緒與行為　125

・認知基模：與個人成長經驗有關　126

・認知扭曲　128

・轉念來轉情緒　132

◎「做」的力量：試了才會改變　136

・驗證認知　136

· 轉動轉念   137

· 持續轉念   138

5-2 大人懂了，一起說給孩子聽   139

◎用塞翁失馬的故事來說明看法不同，情緒也不同   139

◎你怕蜘蛛嗎？還怕什麼？   141

◎用思考陷阱來說明認知扭曲   142

5-3 遊戲設計，深入學習   145

◎遊戲1：找出思考陷阱   145

◎遊戲2：停數吸吐來調節怒火   147

PART6 ｜人際篇｜

解決人際衝突成為好朋友

6-1 說說社會情緒力！   150

▌教養之前，家長要先懂   150

◎人際關係與衝突：學習處理人我關係   150

· 衝突＝不同意＋不愉快   151

· 衝突的前因後果   152

· 衝突帶來的好處   154

◎在衝突中表達自己的情緒——善用我訊息   155

· 我訊息＝我的情緒＋理由＋期待   156

· 我訊息與你訊息的差別   156

CONTENTS 目錄

◎在衝突中找方法解決問題　　　158

◎先讓孩子自己找方法解決　　　162

◎學習在衝突中道歉　　　165

　‧道歉的意義　　　166

　‧誠摯道歉的步驟　　　166

　‧家長樹立好榜樣　　　168

◎人際關係中的毒藥──霸凌　　　169

　‧霸凌的種類　　　170

　‧如何發現孩子被霸凌？　　　171

　‧如何面對霸凌？　　　172

6-2　大人懂了，一起說給孩子聽　　　174

◎問題解決高手的闖關秘笈：「停！我找找看」　　　174

◎最好的「對不起」要有行動　　　178

　‧認識「霸凌」　　　181

6-3　遊戲設計，深入學習　　　183

◎遊戲1：一起做行動九宮格　　　183

◎遊戲2：角色扮演與角色顛倒　　　184

◎遊戲3：一起觀看霸凌相關影片　　　185

PART7 ｜預防篇｜

設定目標向前行

7-1　說說動機！　　　188

▌教養之前，家長要先懂 188

◎動機怎麼來？ 189

　‧什麼是動機？ 189

◎孩子的動機怎麼不見的？ 191

◎讚美、鼓勵，滋養孩子的動機 195

　‧對的讚美方式：仔細描述 195

　‧好的獎勵方式：行為的結果本身 197

◎「2好3可」目標設定法：維持並達成目標 199

◎面對壓力怎麼做？ 202

　‧留意壓力反應 203

　‧壓力源 204

　‧期待與壓力有關 205

　‧如何紓解壓力？父母先減壓 206

7-2 **大人懂了，一起說給孩子聽** 208

◎用故事來說明設定目標的重要 208

◎一起想方設法──2好3可目標設定法 210

◎成為抗壓高手 212

7-3 **遊戲設計，深入學習** 215

◎遊戲1：心願大助攻 215

◎遊戲2：我想變變變 217

◎遊戲3：製作開心地圖 218

顧身體也要顧心理，
用「心」疫苗預防心理疾病

小兒科從過去的四大科（內外婦兒）重摔成夕陽產業，主要原因是少子化，但兒科醫師心裡明白還有一重大因素：過去導致診間人滿為患的傳染病，已經因廣泛普及的各種預防注射而消失了。小兒麻痺滅絕了，腦炎絕跡了，百日咳、麻疹、腮腺炎、腸病毒、流感等，都大幅減少了；所以現在兒科就門可羅雀。這是對的路，上醫治未病，中醫治欲病，下醫治已病；大家都不生病，才會健康快樂。

生理端的疾病減少固然可喜，令人憂心的是心理端疾病卻以驚人的速度增加中。讓國中小老師頭痛不已的是：注意力不集中過動、情緒調節力差、衝動暴走、無動機、焦慮憂鬱、網路成癮，而且「心理已病」之難治，生理傳染病根本難以比擬；就算不會傳染，也在失速失控中。

用「心」疫苗來增強抗體

社會情緒教育（Social Emotional Learning）就是已獲

科學研究證實，能預防心理疾病的有效劑型。

社會情緒教育（Social Emotional Learning）自1994年由CASEL（Collaborative Academic Social Emotion Learning）正式成軍推廣已近30年：其中心價值就是希望藉由教材教案與氛圍，協助孩子能夠：

（一）察覺自我

（二）察覺他人

（三）自我處理

（四）處理人我關係

（五）合作解決問題

據此，世界各國發展出各種素材運用於各級學校，也不停地有研究報告出籠。

廣為人知的研究數據約是：接受 SEL 課程的兒童（比起沒有上 SEL 的兒童）情緒詞彙豐富度多七成，衝動行為減三成，問題行為減兩成，學業成績上升一成。學業成績上升是 SEL 的重要副產品，

也變成回推 SEL 的助力。把學習時間從學科移一些到 SEL，反倒使成績上升的理由很簡單：孩子了解挫折這個情緒，學會如何面對，不會遇到困難就放棄。

我書寫這本書就是想幫助家長與老師建立 SEL 的基礎，這在推廣 SEL 仍處於單打獨鬥的台灣，實屬必要；且不僅是學理上的認識，還要能真實地應用於日常。因此每一課都會從「家長要先懂」的知識說起，接著是「說給孩子聽」，我會舉一些故事，實例或說法來協助大人快速進入指導模式；最後也會附上在家中與教室中可以進行的有趣活動來協助大家。

簡言之，這是一本給想運用情緒教養的家長們與想在教室進行 SEL 教育的老師們，隨時可以參考的工具書。希望我做到了。

最後，我要跟所有當初在杏璞身心健康關懷協會一起參與低年級情緒教育課程——「情緒來敲門」，與中高年級情緒教育課程——「跟情緒做個好朋友」教案設計的醫師、心理師、老師們深深一鞠躬；因為大家的熱情付出與討論，我才有這麼多的素材可以書寫，謝謝大家。

| 腦科學篇 |

情緒教養，改變孩子大腦運作模式

先來說說大腦！

▌教養之前，家長要先懂

你的教養方式可以——

改變孩子的大腦連接方式。

影響孩子的部分腦部結構。

影響表相基因的活躍性。（註1）

影響每一個細胞的生命週期。（註2）

因此，在認識情緒教育以前，大人們需有腦科學的先備知識。

大腦是情緒的啟動及反應者：三重腦與情緒

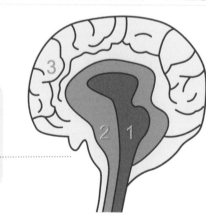

三重腦
1. 爬蟲腦
2. 哺乳腦
3. 新腦

　　科學家保羅·馬克連（Paul D.MacLean）在 1960 年代依據腦部可能的演化來源提出三重腦理論。他認為人類的大腦是亙古的演化結果，所以可以找到大自然演化的足跡。

　　依據演化史，人的腦中有「三腦一體」的結構，稱之為「三重腦」：分別是爬蟲腦、哺乳腦與新腦。

　　當時的三重腦理論，於今醫學研究發現有部分缺陷，例如：這三重發展並非如此線性，也非獨立運作；但是用三重腦說明大腦與情緒之間的關係，卻是最貼切生動，且能達到協助孩子了解情緒與理智如何運作的目的，因此書中採用三重腦（Triune Brain）的演化角度來幫助我們認識腦部。

三重腦：爬蟲腦、哺乳腦與新腦

第一重腦──爬蟲腦、生命腦：關乎存活的重要位置

·最古老

　　爬蟲腦是最古老的遺跡，有數億年的演化歷史，約位於腦幹的位置，是我們跟爬蟲類都有的相似構造，因此稱為爬蟲腦；可以想成在判定腦死以後，還支撐著身體生命現象的地方，掌管心跳、血

壓、呼吸、體溫等。這是一個反射中樞，無須學習也不經思考就可以自發性運作，是存活至關重要的自動裝置。

多好啊！我們不必控制就能自然呼吸、心臟自動噗噗跳、血壓自己調節，還能保有恆常的體溫，這是一個無法用意志力操控的堅強生命堡壘！

· 最自動

爬蟲腦的一個重要使命就是在危急時「自動」地保護我們的生命。在緊急的狀態下不用我們思考吩咐，馬上調動指揮，或開戰（fight）或逃跑（flight），或乾脆僵住裝死（freeze）。

例如：站衛兵時看到黑影就開槍，就是爬蟲腦下令：「立即開戰，fight！」不容思考；因為在這緊要關頭，不是你死就是我亡，爬蟲腦此時變身我們忠誠的保鑣，不待主人下令，救命要緊。

又例如：林間遇見老虎拔腿就跑，也是來自爬蟲腦的指令：「逃，flight！」否則就有生命危險。宴會上驟見前男友或前女友：「僵住，freeze！」無法動彈，不動就不會被發現，也是一種瞬間自動保護。

・最忠心

這些立即出手的生死關頭都來自爬蟲腦的運作；但忠心耿耿的帶刀侍衛護主心切卻也難免錯殺無辜。

例如：看到自己的孩子在遊樂場上被其他孩子推倒，家長衝過去就給那個孩子一巴掌，結果另一組家長馬上衝過來加入這場大混戰。雙方冷靜下來之後才發現其實那個小朋友不是「兇手」，反而是伸手想要拉孩子一把的人呢！

出手打人以拯救自己的後代，這是爬蟲腦的本能運作；爬蟲腦因感受到威脅而動手護主，其他的兩重腦根本還沒機會出場呢！

✎ 第二重腦——哺乳腦、情緒腦：情緒教育的根本源頭

・很古老

馬克連博士認為，與生物的演化史先爬蟲類後哺乳類相同，哺乳腦是比較後來才發展出來的腦部結構，約在一億年前。這是哺乳類有而爬蟲類沒有的構造，管理我們的情緒、動機、記憶、睡眠、食慾、性慾等，相當於邊緣系統（limbic system），如海馬迴、視丘、下視丘、杏仁核、扣帶迴等位置。

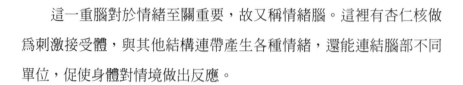

這一重腦對於情緒至關重要，故又稱情緒腦。這裡有杏仁核做為刺激接受體，與其他結構連帶產生各種情緒，還能連結腦部不同單位，促使身體對情境做出反應。

· 很有趣

多數人喜歡飼養貓狗甚於蜥蜴或蛇，那是因為貓狗有情緒反應與人類共鳴。狗麻吉搖尾乞憐、爭風吃醋、興奮狂奔、撒嬌依戀；貓主子鬱鬱寡歡、幸福慵懶、開心滿足，容易引起奴才憐愛。這皆肇因於我們與其他哺乳類動物都有這一重情緒腦。

哺乳腦雖不如爬蟲腦的「全自動化」，但說是「半自動化」裝置絕不為過。因為哺乳腦工作的資歷雖不如爬蟲腦久，但也是上億年，比起區區幾百萬年才加進來的新腦（理性腦），力量還是強大多了。因此我們的情緒反應往往凌駕於理智之上。

諾貝爾經濟學獎得主康納曼說，人類的思考方式分：系統 1 與系統 2。系統 1 是直覺的反射性思考，系統 2 是理性的分析能力，也可以說系統 1 是哺乳腦，系統 2 是新腦。重點來了！系統 1 是自動導航系統，是非理性的；因此要使顧客保持在系統 1，才會非理性的打開荷包。

・很衝動

系統 2 的使用要耗掉很大的能源，所以基本上我們都是憑「感覺」在做決定，真正做「理性動物」的時間是很少的。如果顧客的理智參與決策，一定不會如此魯莽購物。可是半自動化的情緒腦工作效率超佳，經常使人後悔都來不及呢！

身為成人的我們也是經常由情緒腦自動導航。例如：爸媽一看到孩子的班排就破口大罵：「考這種成績，你是白癡嗎？將來要怎麼混一口飯吃？」其實爸媽如果冷靜下來，會發現許多事實：自己以前成績也沒比孩子好到哪裡，或這次的考題其實相當難，或是事實上孩子的表現已經很優了等等。可是在看到成績的當下，失望、憤怒、焦慮快速升起，使得許多家長任由情緒腦教訓小孩，理智早已不見蹤影。

在進化歷程中至關重要的方能長存，因此我們來想想情緒腦之所以烙印在神經系統如此深，幾乎成為半自動化的裝置乃至於情緒反應有時難以控制的理由何在？答案還是來自快速情緒反應會使「存活」的機率變大。

舉例來說，遠古部落男性對於他人爭奪女友一事，怒氣越大、

反應越快，越能迅速解決對手保證種族繁盛不絕後。但是隨著生活環境變遷、生活規則改變，世界競爭原則已經由「天擇」走向「人擇」，衝動的情緒反應有時對存活反而有害了，爭奪女友傷人事件，不但無法使自己得到配偶，還會進監牢。

人擇的時代裡有社會規則要遵循，不能愛不到就傷人，也不能動不動就生氣揍人，於是調節情緒腦的運作變成情緒教育的根本源頭：如何不使哺乳腦（情緒腦）暴衝，好讓新腦有機會參與決策。

第三重腦——新腦、理性腦：情緒調節重要的一環

·很新穎

新腦又稱新哺乳腦，是少數高等哺乳類特有的腦部構造，人類的新腦更是完勝其他動物。這個發展不過是幾百萬年的事，比起爬蟲腦與哺乳腦上億年的資歷，新腦就是剛進團隊的資淺員工。

·很厲害

可是這個新員工才華洋溢，擁有語言、思考、動機、規劃及執行等功能。人類之所以比爬蟲類、其他哺乳類高等的原因之一就是存在這個第三重腦，一個理性思考的新結構。因著這重理性腦，人類社會高速發展，諸如科學、藝術、醫學及政治等都是新腦運作的產物。

‧很緩慢

可是爲什麼有時候聰明的人類也會做出後悔的事呢？原因就在「速度」，新腦畢竟新、經驗不足，遇到緊急事件（如環境中的巨大刺激），新腦還來不及出手，爬蟲腦與哺乳腦護主心切，先反應了再說。理智還來不及出場，本能或是情緒的生理反應往往快過思考的速度，因而使人陷入失控的漩渦中。

三重腦對照表

	❶ 爬蟲腦、生命腦	❷ 哺乳腦、情緒腦	❸ 新腦、理性腦
運作方式	全自動	半自動	手動
主要功能	生命腦	情緒腦	理性腦
代表構造	腦幹，間腦	邊緣系統	前額葉
主要特色	古老、自動、忠心	古老、有趣、衝動	新穎、厲害、緩慢
情緒相關性	關乎存活	情緒教育的根本	情緒調節的一環

三重腦各有所司，在生命歷程中都絕對必要。但隨著時代演進，本能與衝動反應容易違反現今社會運作原則，所以需要情緒教育來幫助我們不要因一時的情緒失控而做出傷人傷己的事情。

情緒調節的能力屬於人類適應性發展的新項目之一，在人類的進化史上是重要但新穎的一環；其發展歷程軌跡斑斑可考，所幸能運用方法來促進。

三重變兩樓➡️樓上腦 + 樓下腦，孩子更好懂

　　雖然有許多科學家認爲三重腦過度簡化腦神經的複雜運作，但是三重腦理論是從演化角度出發，貼切的解釋腦功能發展順序，尤其是情緒與理性的運作關係，實在是簡單有趣，適合引用說明。

　　若要跟年幼的孩子解釋複雜的腦科學呢？更簡單的方法就是把三重腦變成兩層樓。

　　這是美國的一位精神科醫師丹尼爾・席格（Dan Siegel）簡化所創，好讓小朋友可以視覺化大腦的運作狀況。他將大腦比喻成一棟兩層樓房子，樓下腦管呼吸、心跳、血壓、體溫等生命中樞以及各種情緒（爬蟲腦加上哺乳腦）；樓上腦（新腦）則是我們的理智系統，讓我們思考事情該怎麼做會更好、更順利。

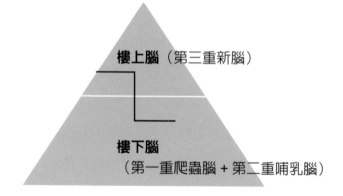

✎ 樓下腦（反射中樞＋情緒腦）

第一重爬蟲腦＋第二重哺乳腦就是樓下腦，所以一切的生命現象都由樓下腦控制；樓下腦同時也是情緒中樞，負責情緒反應，藉著情緒我們趨吉避凶，離苦得樂。

✎ 樓上腦（新腦或理性腦）

第三重新腦就是樓上腦，也就是理性腦，聰明腦。正因如此，所以人類有高於其他動物的智商，我們可以說話、構思、創造與執行，成為「萬物之靈」。

✎ 鉤束➡樓上腦與樓下腦連結梯

樓上腦與樓下腦之間的樓梯，也就是連結彼此的神經線路，稱之為鉤束（uncinate fasciculus）。這組神經纖維白質，大約有 4 ～ 5 公分長，連結邊緣系統（樓下腦）與額葉（樓上腦），運用特殊影像學與電腦運算，可以清楚看到它的存在。

醫學上對於鉤束的功能有許多研究，包括語言、記憶、情緒等都相關。已知鉤束是人類大腦內最晚成熟的白質神經纖維束，甚至

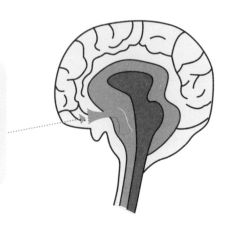

鉤束

（uncinate fasciculus）
樓上腦與樓下腦之間的
樓梯，也就是連結彼此
的神經線路。

青年期都還在發育，從這個角度來看，樓上腦與樓下腦的樓梯要架
好，的確不簡單！

✐ 樓上腦＋樓下腦，思考更順利

樓上腦與樓下腦有樓梯相連結，大部分的時候，樓上腦樓下腦
彼此往來通暢：我們不知不覺的本能呼吸著，情緒平和的存在著，
但同時也忙著說話與思考。

可是在一些特殊情況下，環境刺激過大而產生強烈情緒，例如：
恐懼萬分、超級緊張、無比憤怒時，樓下腦根本不走樓梯，直接就
先發制人；樓上腦還搞不清楚發生什麼事，只能收拾自走砲樓下腦
留下的殘局。所以雖然亞里斯多德說，人是理性的動物；可是有些

鉤束結構與情緒調控力相關

2011 年的一分醫學期刊報告（註3），針對一群腦部受傷的孩子做核磁共振攝影掃描，並特別用電腦的技巧把他們的鉤束顯現出來；接著按照鉤束受損的程度分類，並為這些孩子的情緒調節力做研究。結果發現，他們的情緒管控能力與鉤束的完整程度成正比，鉤束健全者情緒調節力高；也有期刊報導（註4），右側鉤束與一個人的同理心非常相關。這些都間接說明鉤束結構與情緒調控力有關連性。

時候理性並沒有出場亮相，腦內樓上樓下樓梯並非時時暢通。

神經可塑性，讓 EQ 上升變可能

✎ 神經可塑性➡藉由學習改變腦結構

以前醫學上有一個概念，認為一旦大腦發育停止後，就不會在神經元間產生新的連結線路了。可是越來越多的科學實驗證明，終其一生，大腦不但在神經連結（突觸）可以新生，甚至神經元本身，或甚腦功能區域都可以重劃！這種大腦能力就稱為神經可塑性（neuroplasticity）。

　　神經可塑性的真義在於，經由環境刺激的學習經驗使得腦部結構有改變的可能。雖然因年紀大小、刺激強度、學習持續時間不同而有異；但是神經網路、神經元及內部傳導物質都會有影響。也因為神經可塑性，使得學習這件事更重要，也更具意義；腦科學堅定了教育這件事。

✎ 神經可塑性的優秀證明

　　先來猜猜誰的空間記憶海馬迴區比一般人大？研究顯示，倫敦的計程車司機為了在纏繞如絲的倫敦街道間討生活（5 公里半徑內，約有 2 萬 5 千條街道），他們必須好好記住路徑；在這樣的背景下，他們有了超大海馬迴。另一個實驗也顯示，小提琴家的手部感覺動作區也大於一般人（註 5）。這都是神經可塑性的優秀證明。

你弄到我了，揍你喔！

　　腦部因有神經可塑性，可被塑造成好的，當然也可被塑造成差的。以杏仁核這個生氣中樞為例，它是樓下腦的重要關卡，據研究顯示，杏仁核的大小經常與家庭的教養品質成反比。

　　在充斥著憤怒、焦慮、挫折的教養環境裡，會把杏仁核訓練大了，時時準備戰鬥或逃跑。有了大而易感的杏仁核，人會變成一隻刺蝟，小小的刺激就會引發戰火，凡事看不順眼，成天找人吵架。

　　有些小朋友總是特別敏感易怒，別人不經意的一句話經常引發怒火：「你幹嘛碰我的東西？」、「你弄到我了，揍你喔！」這些小刺蝟們，可能就有略大而易被激發的杏仁核呢！

✎ 利用神經可塑性來增加孩子的 EQ

　　在情緒教育裡，我們可以利用神經可塑性來改變孩子。首先，在注重情緒教養的家庭中長大，孩子樓下腦的杏仁核不會因反覆的不當刺激而變大。其次，在這樣環境長大的孩子，父母會給予解決問題的機會，將使其樓上腦主司決策的前額葉發育的比較好。不僅如此，厲害的樓上腦與衝動的樓下腦間連結的樓梯──鉤束，也會變得更強壯而反應迅速，使情緒反應凌駕於理性的機會降低。

大人懂了，一起說給孩子聽

手模型與樓上腦樓下腦

利用丹尼爾・席格（Dr.Dan Siegel）所創「手模型「（hand model）來說明樓上腦與樓下腦是最簡單有趣的！

·這樣說：樓上樓下好朋友！

我們的大腦可以簡單地分成樓上腦跟樓下腦。樓上腦是聰明理性腦，它協助我們說話、學習、思考、做計劃與解決問題。例如：我們在學校上課學習，回家寫功課，都是樓上腦做工的結果。

樓下腦則負責情緒系統，使我們有喜怒哀樂、厭惡、驚奇、驕傲、忌妒等感受，讓生命活潑有趣。樓下腦除了情緒外，它還忠實地自動進行所有維持生命的工作，例如：呼吸、心跳、血壓。

　　正常狀況下，樓上腦與樓下腦是好朋友，他們可以走樓梯，彼此溝通交流。但是有時樓下腦情緒太強，就會像火山爆發一樣，把樓上腦炸開了，使得我們不能做出好的判斷來處理事情。

・這樣玩：手模型

　　以手模型來看，如果拳頭是我們的大腦，打開拳頭時，大拇指與姆指根就好像樓下腦，其他四指就是樓上腦。

　　如果我們處在平靜狀態，樓上腦與樓下腦緊密合作，就有如握緊了的拳頭如下圖 A；可是假如情緒過於激動，樓上腦的四指就打開了如下圖 B，使得理性與情緒分家，就會任由情緒腦指揮了！

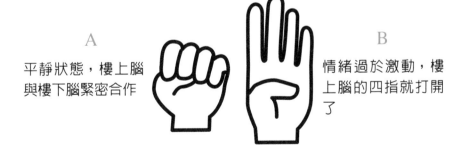

A

平靜狀態，樓上腦與樓下腦緊密合作

B

情緒過於激動，樓上腦的四指就打開了

· 情緒故事：<u>故事書不見了！</u>

曉華發現帶到學校的新故事書不見了……

曉華劈頭問鄰座的小明：「你把我的書拿到哪裡去了？我要告老師。」

小明回答：「87 啊！誰要拿你的書！去告啊！」

曉華說：「你早上有翻我的書，但現在不見了？」

小明：「我怎麼知道？」

曉華氣壞了，脫口說出：「一定是你拿的，你這個小偷！」

放學後，曉華發現書卡在書包的另一本書裡面，所以沒找到。

曉華因為書不見了，一時心急怒火攻心，樓下腦炸開樓上腦，因而處在 B 狀態。事後曉華很後悔，為什麼當時不好好地問小明。如果當時曉華不要那麼衝動，冷靜一點，會不會就不會傷了彼此的友誼呢？像是說：

（O）：「小明，你有沒有看到我帶來的書？」

（O）：「小明，我找不到今天帶來的書，你可以幫我找一下嗎？」

如果曉華這樣說，大腦就是處在 A 狀態。

· 結論：

當我們遇到環境刺激引起強烈的情緒反應時，樓下腦就會引發爆炸，同時把樓上腦炸開了，我們就會失去理智，甚至失控發脾氣。

就像卡通影片多拉 a 夢裡的胖虎，一天到晚暴怒，經常找同學麻煩，以至於人人都怕他。胖虎的樓下腦經常把樓上腦炸開，樓上腦無法做出理性的思考、無法好好處理自己的情緒，當然就沒有人想跟他做朋友了！胖虎需要把樓下腦冷卻降溫，他的樓上腦才能發揮作用喔！

屋主與房客

· 這樣說：屋主與樓上、樓下房客

我們的大腦可以簡單地分成樓上樓下兩層樓，樓上腦跟樓下腦住著很不一樣的房客呢！

＊**樓下情緒房客**：生氣王子、快樂公主、焦慮先生、悲傷小姐、好奇弟弟等情緒房客。

＊**樓上智多星房客：**偵探、發明家、數學家、法官、老師、執行長等問題解決高手。

＊**你是這個兩層樓屋子的屋主。**

有人造訪時，樓下房客偶爾會與客人發生爭執，甚至還來不及與樓上的智多星們商量，就與客人大打出手，不僅摔壞家具，甚至還釀成火災。

➡ **於是身為屋主的你就訂立租賃契約：**如果樓下房客有事難以解決，必須先冷靜下來，與樓上房客商量如何處理。自從契約簽訂後，雖然樓下房客偶爾還是會暴走，但是次數已經明顯下降！

有時候我們對外界事物有過快的情緒反應，就像樓下房客比較衝動；若冷靜一下，等樓上房客想出解決辦法，經常就有令人滿意的結果。

· 情緒故事：生氣、焦慮、緊張

人都有一些性格特質，例如：有人容易生氣，有人一點小事就緊張到不行，也有杞人憂天型等，因為每個人樓下腦住著的房客類型不同。

事件

A：被哥哥罵，一氣之下把書撕了（生氣）。

B：明天要考試，還有很多不懂，我會考不及格（焦慮）。

C：等一下要上台演講，腦袋一片空白（緊張）。

原因

樓下情緒腦房客（生氣、焦慮、緊張等）搶先出場。

方法

請樓上腦房客智多星出場。

A：樓上腦智多星房客對樓下情緒腦房客 A（生氣）說：「先深呼吸，數到 10。把書撕了的話，有理也會變無理，可以先請媽媽協助。」

B：樓上腦智多星房客對樓下情緒腦房客 B（焦慮）說：「明天會考不及格是對還沒發生的事情先算命，那不是事實。先把不會的地方弄清楚再說。更何況，考試的目的不在處罰，是幫助我們確認還有哪些一定要了解。」

C：樓上腦智多星房客對樓下情緒腦房客 C（緊張）說：「深呼吸，兩手交叉輕拍自己肩膀；先做 20 次！緊張是正常現象，上台對每個人都是考驗，你不是唯一。何況你已經盡力練習呢！」

結果

樓上腦與樓下腦房客合作，找出最好的方法來處理。

· 結論：

當我們感受到一些令人不舒服的情緒，例如：憤怒、傷心、擔心、恐懼等時，可以告訴自己：「呼叫樓上房客，呼叫樓上房客！我有一些問題想請教！」別忘了，我們的樓上腦可是住著一群智多星呢！別把他們擱著不用喔！

遊戲設計，深入學習

遊戲 1：畫一張大腦圖（樓上腦與樓下腦）

跟孩子一起畫畫時可用情緒表情為主題。

玩法

1. 畫一張生氣的臉，有一個大大的頭，請小朋友畫出樓上理性腦被炸開的樣子！

2. 家長趁機確定孩子知道情緒如何產生與運作，更重要的是，可以一起討論如何將樓上腦蓋下來，恢復理性的狀態。

遊戲 2：看見神經可塑性

　　大家一起來想想哪些事情經過學習與練習，可以變成近乎本能的反射？（例如：騎腳踏車、念一個繞口令、開車、彈琴、外國語言、投籃、烹調時放調味料，及背九九乘法表等。）

玩法

1. 準備一個毛線球，當成神經網路。依據參與者多寡與距離剪成長度不一的片段。

2. 每當上述提及的活動練習一次時，就在代表神經區域的兩者間加上一條毛線。例如：孩子是嘴巴，爸爸是語言中樞，媽媽是聽覺記憶區；每次練習繞口令，彼此間就拉上一條毛線；練習越多次，彼此握住的毛線就越多條。

這就是神經可塑性，我們的大腦跟肌肉一樣，可以經由學習

與經驗而變強。

3. 但是如果幾天沒有練習，就減去一條毛線，幾年後就會失去

連結。

結果

經由這個活動，把抽象的腦內運作變得具體實在，孩子就會

對神經可塑性留下深刻的印象。

注

1. 情緒大腦的秘密檔案：理查‧戴維森；夏倫‧貝格利
　　遠流出版社／2013
2. 端粒效應：諾貝爾獎得主破解老化之祕，傳授真正有效的逆靈養生術。
　　伊莉莎白‧布雷克本；伊麗莎‧艾波
　　遠見天下文化出版股份有限公司／2020
3. Predicting Behavioral Deficits in Pediatric Traumatic Brain Injury Through Uncinate
　　Fasciculus Integrity
　　Chad P. Johnson,1 Jenifer Juranek,2 Larry A. Kramer,3 Mary R. Prasad,2
　　Paul R. Swank,2 and Linda Ewing-Cobbs2,4
　　J Int Neuropsychol Soc（2011）
4. The Critical Role of the Right Uncinate Fasciculus in Emotional Empathy
　　Kenichi Oishi, MD, PhD,1 Andreia Faria, MD,1 John Hsu, BA,1 Donna Tippett, MPH,
　　MA, CCC-SLP,2,3,4 Susumu Mori, PhD,1 and Argye E。 Hillis, MD, MA2,3，5
　　ANN Neurol 2015 Jan 77（1）：68-74
5. Assessment of sensorimotor cortical representation asymmetries and motor skills in violin
　　players European Journal of Neuroscience 26（11）：3291-302，January 2008

| 情緒科學篇 |

讀懂孩子的情緒

先來說說情緒！

■ 教養之前，家長要先懂

孩子多大會爬？多大會走？何時開口叫人？這些問題家長回答起來一定信心十足。但如果問，孩子什麼時候開始會焦慮？何時有羞恥、忌妒及驕傲的感覺呢？

事實上，我們很難替情緒下一個個簡單的定義。著名的兒童氣質分析心理學家卡根（Jerome Kagan）說，情緒是一個集大成（superordinate）的名詞，意思是說情緒涵蓋很多面向，就像在說水果、寵物一樣，只是一個泛稱，其實內容包羅萬象。

家長如果對孩子的情緒與情緒發展不清楚，恐怕就難以進入情緒教養的領域，理解孩子的內心世界，所以想了解孩子之前，不妨先來認識情緒吧！

情緒涵蓋 4 個面向

「情緒」是一個「集大成」的名詞，應該已經是共識。如果採用爭議最少的說法，情緒涵蓋幾個面向：1.生理反應 2.主觀感受 3.意識判讀 4.行動表達。

舉例來說：當你走進臥室，看到孩子們把你視為珍寶的名牌包從衣櫥裡拿出來，並以色筆在包包上大肆揮灑創作，臉上也用名牌化妝品塗塗抹抹，你會：

✔ 頓時腦門充血，呼吸急促，心臟狂奔。（生理反應）

✔ 覺得生氣、無奈又好笑。（主觀感受）

✔ 你意識到孩子正模仿成人生活，但也太膽大包天了，竟捨棄家家酒，玩起媽媽的寶貝。（意識判讀）

✔ 得好好教育，於是你一臉嚴肅，相當不悅地低吼：「你們兩個太過分了，亂拿媽媽的衣服、化妝品玩，都站起來！」。（行動表達）

這四個反應發生於瞬間，廣義地統稱為情緒。

人的情緒從何來？

我們清醒的每個時刻都有情緒，就算自覺沒有任何感受的時刻，是不是也稱這個狀態為「平靜」呢？這不也是情緒嗎？沒有情緒的日子，將多麼乏味啊！實與機器人無異。

但人的情緒從哪兒來？身？心？腦？簡單來說，情緒起源分四派，以上述的案例來解說更容易懂。

學者喜歡討論情緒從何來？順序為何？但所有情緒學派告訴我們的是：情緒與人類存活、身體訊息、認知解讀、文化演繹，甚至建構人我關係等難分難解。因此得要加強對情緒的了解，才有助於成為更具洞察力的人。

表 1：情緒起源學派

身體派	身體先反應，情緒再相隨	➡ 心臟狂奔，呼吸急促，腦門充血後；方才意識到衣服與化妝品損毀，好生氣。
大腦派	刺激送入大腦邊緣系統產生情緒	➡ 眼前孩子與衣服化妝品的戰況刺激腦部邊緣系統引發情緒反應。
認知派	先有想法，後有情緒與反應	➡ 先想到花了那麼多錢買的衣服與化妝品，竟然被孩子當成玩具玩完了，所以生氣無奈。
綜合派	身體反應，腦部與認知一起形成情緒	➡ 全部一起發生。

情緒發展里程埤➡未來幸福力

　　孩子的情緒發展也許是各類發展裡最缺少關注的一環。一般成人會把焦點放在看得見的大動作（爬、坐、站、跑等），或小動作（拍手、取物等），以及最能表現的認知發展（說話、學習、解決問題等），看不見說不清的情緒則顯得很抽象。

　　偏偏情緒調節力是孩子未來幸福快樂與否最主要的關鍵，大多數的家長也同意 EQ 非常重要，但是鮮有人提醒，因而許多人都畫

錯重點，將焦點放在身體及認知表現上！事實上，情緒力比認知力更容易受環境影響，大人們身負孩子情緒發展的重責。

情緒可分為：初始情緒、基本情緒及複雜情緒，後者最受環境影響。

表 2：認識情緒（註 1）

情緒種類	發生時間	自我概念	情緒	環境影響力
初始情緒	0～3M	你我不分	挫折、滿足、中性	低
基本情緒	3～6、7M	有一點知道你	高興、生氣、悲傷、厭惡、驚奇、害怕	低
複雜情緒	6M～1.5Y（初級）	除我之外，發現有你	憤怒、焦慮、愉悅	高
	1.5～3Y（次級）	除我之外，還有好多不同的人	尷尬、驕傲、愧疚、羞恥、羨慕、忌妒、憎恨	高

✎ 0～3 個月初始情緒：身體的感受度是重點

初始情緒的稱呼起因於我們很難判斷這麼小的孩子（出生到 3

個月）的主觀感受；但是我們約略可以從嬰兒的咕咕聲、臉部與眼神得知，他對於外界給予的照顧滿不滿意。對於完全仰賴成人「伺候」的寶寶而言，身體的感受度是此時的重點。

有些媽媽認為自己的寶寶在3個月以前就可以表現出許多情緒，這絕對是可能的。因為情緒發展就像光譜，在漸進的過程中，每一個寶寶都是獨一無二的！媽媽與寶寶如果經常試著尋找彼此的頻率，敏感的父母一定是寶寶最厲害的情緒情報探子！

✎ 3～7個月基本情緒：人與生俱來的情緒

基本情緒刻劃在每一個人體內，無關種族、性別或文化，只要是人類就一定有，普遍認為有6～8種，如高興、生氣、悲傷、厭惡、驚奇、害怕等。

與生俱來的基本情緒何時展現呢？一般認為在寶寶7個月以前這些情緒幾乎就全部登場了，只是其強度與複雜度會一直積累。例如，3個月大時寶寶的笑狀似拈花微笑，到5個月大時開懷大笑是常有的事；生氣也會從一開始的口頭大哭進展到全身扭動，外加甩頭出拳呢！

從演化論者的角度來看，基本情緒是我們存活的救命指南；靠著這些演化的烙痕，我們很自然的趨吉避凶，找到最適生存的方向。基本情緒在演化過程中為了好好保護我們而留下來。

✎ 7 個月～3 歲複雜情緒：孩子自我感的 3 階段發展

複雜情緒是我們談情緒教育的重點了！複雜情緒指受外界環境因素長期影響而產生評價性的情緒；這些情緒會強化或傷害自我的感覺，因此又稱「自我情緒」，例如：尷尬、驕傲、愧疚、羞恥、羨慕、忌妒、憎恨等。因與教養環境相關，也叫發展情緒。

・**0～6 個月**：每一個寶寶都分不清楚你我，嬰兒的所有需求必須馬上、立即、及時獲得滿足，連「隨傳隨到」都太慢了，根本就是「你是我隨身奴隸」。

・**6 個月～1 歲半**：隨著腦部快速成長，寶寶對**環境的覺知**逐漸架構出來，也顯現出「記憶」這件事。6 個月左右的寶寶已經可以分辨環境中的某些不同，例如：家、媽媽，其他家人或常見物品，也就是說某些情緒的激發因素，已由身體內部感受開展到外部。因此有了「認生」或「陌生人焦慮」這些情形；也會因見不到照護者

感到挫折與憤怒，或對照護者的聲音、愛撫表示喜悅與愛。這些因環境變化而來的互動情緒稱為初級複雜情緒。

．**1歲半～3歲**：初級複雜情緒在自我感發展第二階段，而次級複雜情緒指的是第三階段。自我的覺知意識也是一個光譜，一般來說，大約在1歲半到3歲間浮現。事實上，每一種複雜情緒的發生都是很「複雜」的，以最早發生的複雜情緒「尷尬」而言，首先孩子要有「**自我感**」（這件事因我而起），知道一些社會規則（此時此事不宜），發現自己的表現與規則有落差後就產生了。

孩子自我感（這件事與我有關）的3階段發展是：

1 你我不分　　**2** 除我之外，發現有你（初級複雜情緒）　　**3** 除我之外，還有好多不同的人（次級複雜情緒）

情緒案例

以打破花瓶的「愧疚」感為例，孩子知道闖禍的是自己（自我感），不應該沙發上跳上跳下（規則）以致打破花瓶，父母表現出對這個結果感到失望，孩子因而感到愧疚。但如果外界環境對於闖禍的孩子表現出的不是針對發生的事（打破花瓶這件事本身），而是訴諸孩子壞、不聽話（闖禍等於人不好），那麼孩子產生的複雜

情緒就是羞恥心了。

這些次級複雜情緒與父母教養態度，社會文化高度相關。

（X）如果父母對孩子的失敗總是責罵或取笑，那麼孩子在不盡人意時容易感到自卑。

➡ 例如，我就是這麼爛，我一向如此。

（X）自卑感又會與羞恥、忌妒、羨慕等緊緊相依。如果孩子每次哭時，都被父母或他人冠上「懦弱」或「羞羞臉」的帽子時，那麼孩子在感受到悲傷時（這是難以避開的基本情緒喔！），也會伴隨著羞恥感。

➡ 例如，我不該哭的，好丟臉。

（X）如果孩子在犯錯時，身旁的師長們反應總是責罵，那麼孩子會把錯誤與自身做連結，易生羞恥感。

➡ 例如，都是我的錯，好沒面子。

（O）倘若成人們把焦點放在錯事的本身，一起尋思解決之道，孩子便可以連結錯誤與修正的機會，產生的就是願意彌補錯誤的愧疚感了。

➡ 不對孩子做人身攻擊，而是對孩子說：「做錯了，該怎麼改正呢？」

情緒辨識力發展進程

✎ 3 個月大：已被外界左右

腦波的研究顯示，3 個月大的寶寶其腦波已與憂鬱症的母親同步；意謂著此時的嬰兒能感受母親的情緒變化。此外，研究憤怒背景的機能性核磁共振攝影掃描也指出，躺在機器內的幾個月大嬰兒，邊緣系統（情緒腦）會被父親生氣的語氣激發。這些都是受外界刺激後客觀影像學研究的腦部反應，說明大腦很早就與外界同步是真確的事實，即使嬰兒無法親口說出來。

✎ 7 個月大：會參考你我情緒來反應（社會參照力）

到 7 個月大後，孩子對成人的情緒辨識力逐漸具體化了。他們開始會從成人的情緒反應推估自己所處的情境而產生不同的行為反應，稱之為「社會參照力」（social referencing）。

例如：孩子會開心的回應笑著鼓勵他的父母、願意接過帶著微

笑的成人遞過來的玩具；但對顯出害怕表情的成人給的玩具則避而遠之，也會對高張情緒的聲調產生遲疑，例如：不要碰！

✎ 2～3歲後：開始命名簡單的情緒

雖上述證據顯示，孩子可能很小就可以感受或同步外界情緒，但是他們本身要到 2～3 歲後才能開始指稱簡單的情緒。至於對複雜情緒的形容，如驕傲、羨慕等甚至要到學齡期左右才起步。不過，這種能力的差異性與家庭中運用情緒相關詞彙教養的頻率息息相關。

即使孩子的語言能力從 1 歲前後開始發展，2～3 歲已經會與你爭辯，但對情緒的因果與命名還難領悟。因此，實際又有意義的做法是標示彼此情緒，溫柔的說明安撫，體認到情緒教養需要時間的培育，然後耐心等待。

✎ 耐心教導情緒因果，替情緒命名

情緒辨識能力需要引導與時間熟成；若因不了解而給孩子無謂的壓力，親子關係容易陷入僵局，雙方都升高挫折感。因此，幫助

孩子辨識、標示情緒，替情緒命名，溫柔的陪伴加上耐心是不二法門，比諄諄勸誘或長篇演說有意義多了。

情緒案例

3歲的孩子在公園裡，吵著要跟其他男孩一樣的水槍。

（Ｘ）媽媽：「你有其他的玩具，一點也不比他少。何必羨慕別人？」

結 果

> 這位媽媽分析孩子羨慕的情緒，但是孩子還很難理解自己情緒與表達的來龍去脈。

如果是對孩子情緒辨識力進程有了解的作法是：

（Ｏ）媽媽：「你想跟他一樣有水槍玩，是不是？看到別人有，也好想有水槍玩喔！真羨慕別人有水槍。可是我不喜歡聽到你一直吵，這樣我沒辦法想清楚要不要買。你要先安靜下來。」

結 果

> 羨慕是一種複雜情緒，因果不易釐清；但這樣的事件不會只有一次，經由簡單溫柔的說明與耐心的等待，孩子才能真正辨識羨慕與正確命名。

情緒案例

小二的孩子考了一百分，取笑其他同學真是大笨蛋，同學跟老師告狀，老師在聯絡簿上通知家長。

（X）爸爸：「有什麼好驕傲的？你上次自己考多少？下次別人也一樣會笑你啊！」

結果

> 這位爸爸分析孩子驕傲的情緒，但是孩子還很難理解自己情緒與錯誤表達的脈絡。

如果是對孩子情緒辨識力進程有了解的作法是：

（O）爸爸：「考了一百分太高興了！覺得自己比其他人都棒，感覺到驕傲，所以忍不住說出別人很笨，是不是？」

結果

> 爸爸協助孩子了解事情的起因，而不標籤化他自然流露的情緒反應。了解情緒的因果關係需要成熟度與教導，如果不了解其中複雜性，卻只知道要教訓孩子謙卑，反而貶低了他的自我感覺。

家長接著協助孩子了解他人的情緒，並引導出好的表達方式。

（○）媽媽：「如果你被取笑是大笨蛋，你會有什麼感受？」

（○）媽媽：「如果想讓別人分享你的快樂，可是不取笑別人，可以怎麼做？」

情緒調節力發展進程，受父母與環境影響

✎ 情緒調節力影響因子

情緒調節力（emotion regulation）指的是一個人辨識自己的情緒，並用好的方式表達出來，使其有益自身健康與促進人際關係的能力。簡言之，情緒調節力是情緒辨識力加上表達力。情緒與生俱來，情緒調節力則否。情緒調節力的養成有賴父母與社會的支持；畢竟現代社會不比遠古時期的無拘無束，我們有一大堆的明規則與潛規則佈線引領。

情緒調節力受到先天及外在兩個因子影響：先天指的是個人與生俱來的特質，外在因子指的是環境影響的力道以及認知策略的運用，包括安慰、支持與指導。外在環境影響先天結構或特質的力道非常大，這可由以下實驗看出來。大人們宜多用心，這可比學業重要太多了！

✎ 實驗顯示後天影響巨大

在一些孤兒院的研究報告顯示，早一點被領養的孤兒比晚被領養的孤兒，其杏仁核會比較小（杏仁核是生氣中樞，小一點意味著比較不會像憤怒鳥整天氣噗噗），情緒調節力較好，比較少焦慮、憂鬱等精神疾病。

早領養與晚領養代表的就是獲得環境關注的質與量；正說明外在環境的碩大影響。由穿戴裝置監控生理狀態的研究也指出，注重情緒教育家庭長大的孩子，自律神經系統的穩定度也會變強。

總而言之，情緒激發的生理狀態會因環境支持而沉穩，情緒腦邊緣系統發展與外界刺激相關，應對高昂情緒的認知策略更會因環境指導而紮實；無論與生俱來的情緒調節力如何，外在環境影響 EQ 的科學證據堅不可摧。

✎ 情緒調節力時程

如果我們成人能對這些情緒發展的來龍去脈多些認識，自然就會擇取適當的協助方式；由嬰兒期的無條件接納，到明白幼兒期開

始有社會參照力，須留意成人的表達如何影響幼兒，再到漸次說明社會運作規則，接納情緒與發展進程合拍的情緒表達，最終還要能與孩子就個別情緒事件討論分享。

表 3：情緒表達力 / 調節力發展

年齡	情緒表達與調節
出生～6M	基本情緒出現 自我安撫力（吸吮，轉頭等方法）
6M～1Y	加上初級複雜情緒（見表 2,p44） ＊社會參照力出現
1～3Y	再加上次級複雜情緒 社會參照力更明確
3～6Y	稍有隱藏真實情緒的能力 開始明白情緒表達的社會規則 （不要咬人，不要打人，有事用說的……）
6～12Y	越來越能遵守情緒規則 甚至切割情緒（好顯得自己很酷） 內化相關準則，邏輯力上升，認知策略增多 情緒調節力逐步顯現
12～18Y （青少年初期）	情緒表現起伏增大 負向情緒增多
18～25Y （青少年中後期）	情緒表達起伏下降，漸趨穩定 負向情緒漸減

＊（社會參照力：參考他人的反應，來調整自己的應對策略）

✎ 跟著情緒發展調步伐

如果我們心中對上述情緒調節力發展有基本的概念，可以依據發展腳步採取相應策略，那對孩子的 EQ 發展是很有助益的。

· 嬰兒期：

0 ～ 6 個月大的嬰兒還分不清外界與自己的差別，如果成人總是回應他的需求，他就覺得安全滿足，充分實現自我。雖然嬰兒哭鬧很正常，但不要因此不理會嬰兒，以為反正他還小，啥也不懂。相反地，此時我們的安撫等同世界能給他的安全感，所以盡量讓他感受你的愛，就由大人來幫他調節情緒吧！

6 個月大以後，孩子會從他人的反應來調節自己的應對策略（社會參照力），所以一個優雅穩重的媽媽，不驚慌失措，不大驚小怪，相較於動輒神經兮兮，驚呼連連的媽媽，孩子有了情緒反應的參照對象，他的情緒腦就不會時時噴發，同時內在生理因子就強化了。

情緒案例

8 個月大的寶寶朝向飲料杯爬過去，眼看就要碰到了……

（X）媽媽大聲喊叫：「會打翻！不可以過去！不可以！」

（○）媽媽鎮靜地快步走過去，輕聲說：「寶寶看看媽媽這裡有什麼？」趁寶寶回頭之際，把杯子收起來。

結果

媽媽的聲音表情不同，孩子的情緒腦被刺激的程度不同，對事件反應的參照路徑也不同，最後發展出的情緒調節力就不同。

· 幼兒期（0～3歲）：

3歲左右開始對社會規則有些因果了解，「耐心解說」才變成一件重要的事。也就是說，在此之前，長篇大論都只是父母一廂情願的教育大業，成效不但不大，甚至是反效果。心在人在的察覺孩子的情緒訊號，與孩子好好對頻，在溫暖的環境裡讓孩子感受愛與支持才是王道。在這段俗稱「連狗都嫌」，容易發生「情緒暴走」（temper tantrum）的幼兒期，家長要記得自身的情緒反應就是最好的教育素材，而不是長篇道理喔！

情緒案例

2歲半的孩子在外婆夾青菜給她時，立即露出厭惡的表情，用力搖頭並大聲尖叫：「我不要，不要！不要！」

（╳）爸爸：「不可以這樣沒禮貌，每個人都要吃青菜，不吃

青菜大便會大不出來，你昨天是不是在大便時一直叫肚子痛？所以要多吃青菜！」

（○）媽媽：「外婆夾菜給你時，要有禮貌地說謝謝。你討厭吃青菜，可以好好告訴我。」

結果

爸爸的說法雖充滿「教育」意義，但是此時期孩子缺乏了解情緒因果關係的能力。反之，媽媽則協助孩子說出他的感受，正確命名情緒，簡單地說出良好的表達方式；之後利用機會藉由說故事，閱讀等輕鬆時機再把理由順勢引出，孩子更能接受。

· 3 到 6 歲學齡前：

孩子漸漸進入可以了解基本情緒因果關係的階段了，在父母的指導下能了解為什麼需要先耐住某些情緒，代之以適當的表達方式。例如：很生氣時，不要打人，但可以很明確的告訴對方並要求道歉。

不過，要讓孩子能接受父母情緒調節指導的重要前提是，父母要能同理孩子的情緒，不要讓孩子覺得自己會有這種情緒是錯誤，甚至是丟臉的事；要讓孩子感受到情緒是自然的事，但表達則有恰當與否的差別。

情緒案例

　　5歲的女兒在幼兒園因喜愛的圖畫書被同學撕破而大哭，老師安撫黏貼書本之後，沒想到女兒悄悄走到同學後面，用力拉扯同學的辮子，使得對方痛得倒地。媽媽接孩子回家時，聽聞老師提及此事，女兒回家後卻跑到房間抱娃娃玩……

　　（X）媽媽：「為什麼拉別人的辮子？為什麼？妳有道歉嗎？」

　　（O）媽媽：「妳看起來有些沮喪，也有些難過，是不是？」孩子低頭默默玩著娃娃……

　　（X）媽媽：「知道自己做錯什麼事了嗎？為什麼不說話？」

　　（O）媽媽：「今天幼兒園發生的事使得妳生氣是嗎？現在覺得難過嗎？想不想說一下發生了什麼事呢？」

結果

　　孩子漸漸長大，此階段孩子開始知道情緒表達需與社會規範合拍，自己必須調節情緒表達方式，家長要依照孩子的理解程度，有耐心的反覆說明與接納錯誤。因此，師長們宜先幫孩子標示出情緒，然後再討論適合的表達方式。此階段大人容易

犯的錯誤是：不停地問「為什麼？」，可是說出「為什麼」對
這個階段的孩子還有困難。這種對話會加劇彼此的挫折感；還
是從標示同理情緒開始，再慢慢帶出規則與期待。

· **6 到 12 歲的學齡期：**

這是令人賞心悅目的階段。因為認知力成長，加上尚無爆棚的
賀爾蒙干擾情緒腦，孩子顯得穩定多了。情緒表達的潛規則已漸漸
內化了，在學校與同儕雙重壓力下也很願意遵守；甚至有時還會刻
意裝酷似的切割情緒，有些家長會感受到孩子在公開場合漸漸減少
情緒表達，避免發生錯誤引起他人側目。

情緒案例

六年級的小男生走在街上興高采烈說得口沫橫飛，不知不覺牽
起媽媽的手緊握著，忽然迎面看到同學與其父母，立即住口，並用
力「斷開」媽媽的手，跳開一大步。媽媽很驚訝，繼而不解：「現
在是演哪一齣？」

結果

如果媽媽知道情緒表達在這個階段有時被視為是「弱點」，
必須要「裝酷」一點，才代表自己長大了；那媽媽可以會心一笑：
「嗯！我的孩子長大了！與媽媽牽手的愉快情緒流露，讓同學
看到可是遜掉了啊！」

· 青春期

情緒調節會有一段「暈眩」的青春期，外表看起來像大人的孩子，越活越回去了。研究顯示，青春期的孩子比學齡兒童在情緒的辨識與表達上都退步，他們的情緒反應過大、過快、過短或過長。原因已經研究的很徹底了，青春期階段的神經賀爾蒙上沖下洗影響了酬賞系統，社會關係腦太敏感使得環境影響力劇增，因此會失控一段時間。不過，這些退步的時間長短與嚴重度會因家庭之前的奠基而降低，前額葉持續的發展也會使這些狀況消退。

情緒案例

國中合唱比賽在即，練習前男男女女卻大呼小叫，男生推來擠去，互相取笑誰對誰有好感；女生也竊竊私語，或尖聲失笑。空氣中有一種大人們知道但隱忍不說破的興奮，練習中或有人出錯，則集體譁然；當事人窘迫的恨不得鑽入地洞，覺得生不如死。

練唱完畢各自回到教室，許多人馬上頹廢萬分，或趴在桌上呼呼大睡，或是歪坐一團，彷彿不是同一組人馬。情緒來的急又巨，卻也去的迅雷不急掩耳。

結 果

> 　　無論在學校，家庭或各種團體，一定會有上述類似狀況；因為青少年期的腦部與生理起伏巨大，自然不易調節。加上此階段尋找自我感、成就感、自信心、同儕認同；因此，在這半大不小時期，親子雙方都需適應與改變。偶發的陰陽怪氣請視情節捉大放小，協助孩子一步步學習獨立自主，與此同時，大人們則學習適時放手。

社會情緒教育（SEL）是什麼？

　　社會情緒教育（Social Emotional Learning，SEL）是協助孩子們認識情緒，辨識情緒、調節情緒、設定人生目標，負責任解決問題的一種教育內容，在歐美已有 30 年的歷史。其目標與我們文化中的教養理想一致，只是起手式與著力點都不同；SEL 所強調的是我們文化中較少討論的「情緒」。

　　SEL 有五個核心已是國際上對社會情緒教育一致的認知。

Self awareness：察覺自己的情緒（**自覺**）
Social awareness：察覺他人的情緒（**覺他**）
Self management：處理自己的情緒（**自理**）
Relationship skills：處理人際關係（**理他**）
Decision making and problem solving：決策與解決問題（**決策**）

　　以察覺情緒始，以解決問題終，社會情緒教育的答案全都在腦部！第一章裡已經說明要理性腦能順利運作的最佳利基是：樓下情緒腦不要出來攪和！這就是實證科學與教育的最佳結合！不僅如此，也要對上述情緒軟體內容有所涉獵，包括究竟甚麼是情緒？情緒從何來？情緒有多少？情緒辨識力與情緒調節力的發展進程又如何？

大人懂了，一起說給孩子聽

大人可以說故事：蓋吉變了！不再是原來的蓋吉！

西元 1848 年美國鐵路工人蓋吉的大腦前端在工地實施爆破時被鐵棍穿過。那是一支超過 1 公尺的鐵棍，從他的左下臉頰穿進，通過左眼後方，再從額頭上方的頭頂處穿出腦殼，不過蓋吉奇蹟似地活了下來。但是眾人覺得蓋吉不但變了一個人，甚至不像人類，像動物！

在他傷口治癒後，照顧他的哈洛醫師說：「蓋吉講話正常，走路正常，雙手靈活。看起來蓋吉是以前的蓋吉。但是從另一個角度看，蓋吉不是以前的蓋吉。蓋吉變了一個人。」（圖 1）

蓋吉原來彬彬有禮，認真負責（圖 2）；意外發生之後，蓋吉變的骯髒邋遢，滿口髒話，粗暴無禮，喝酒鬧事，情緒反覆無常，

圖1

圖2

圖3

圖4

對婦女很沒禮貌，屢屢失去工作，在 1861 年 38 歲時死亡。蓋吉到底發生了什麼事？

　　蓋吉為什麼變了一個人？因為他的樓上腦被鐵棍毀損了（圖3）。從此以後，他像一隻沒有理性腦來調節情緒的野性動物；他的

樓下情緒腦有如脫韁的野馬，完全失控了！蓋吉的媽媽說，蓋吉心情好時會吹牛，工作前非常焦慮，一不高興就大發脾氣，說髒話。

現在蓋吉的頭顱骨放在哈佛大學的解剖博物館，這頭顱骨上有一個破洞，下頭擺著一根鐵棍（圖 4），這破洞與鐵棍可是讓人類大腦研究前進一大步，蓋吉的犧牲有了回報。

·這樣說：蓋吉的理性腦受傷了！

經過科學研究，發現蓋吉的理性腦（左前腦）不偏不倚的被鐵棍傷到了！所以他受傷後的表現就像情緒腦火山爆發一樣，所有的情緒像岩漿一樣氾濫，到處燙傷人。在情緒腦內的情緒隨著我們長大越來越複雜，如果我們沒有理性腦加以調節，每個人都像蓋吉的話……哇！會不會很恐怖啊？

想像一下，當全部的人都像蓋吉理性腦損壞時，如果搭捷運、去超市、打籃球、上課，上班時會發生什麼事？

·這樣玩：一起觀看哈佛大學拍攝的蓋吉影片

Lessons of the brain： the Phineas Gage case

再看一次蓋吉的故事。

遊戲設計，深入學習

 遊戲 1：機器人與真人比一比

玩法

1. 親子自選扮演機器人或真人（2 歲與 15 歲）

2. 自製題組回答問題：

題目	機器人感覺如何？又會如何？	2 歲孩子感覺如何？又會如何？	15 歲青少年感覺如何？又會如何？
好餓，　但有人吃掉我的餅乾！ （機器人就是沒電了）	不動了！ 靜悄悄	生氣 大哭！	生氣 找出真相！
黑漆漆的環境裡			
生病了要打針 機器人當機了			
其他……			

3. 討論為什麼機器人，2 歲孩子與 15 歲青少年會有不一樣的感受與做法？答案就在腦！機器人沒有，2 歲孩子腦部不成熟，15 歲則有較好的情緒處理方式。情緒的產生與應對都源自於大腦。

 遊戲 2：驚心氣球大考驗

玩法

1. 從文具店購買氣球與小型手動打氣筒。

2. 家人圍坐一圈，猜拳決定順序。

3. 依序給氣球灌氣，每人輪到時可打氣一次，交接時須抓緊氣球與打氣筒接點。

4. 氣球漸漸漲大，看看在誰的手中破掉！

5. 過程中，開始感到害怕者可退出。

6. 當氣球接近破裂時，打氣者轉身面對圈外，以免傷到他人。

7. 結束後，大家分享氣球快要破掉時的情緒。

8. 退出者的感受尤其重要。

Tips

　　大人在此可以重述人類的情緒如何與理性腦交互運作。當氣球快要破掉時，如果感覺自己難以承受，可以選擇退出；若很想感受爆掉的刺激，也可以有方法保護自己，照顧別人。

注

1. Understanding emotional development: Providing insight into human lives。 Robert Lewis Wilson and Rachel Wilson， 2015players European Journal of Neuroscience 26（11）：3291-302 , January 2008

| 自覺篇 |

了解自己，自我情緒察覺

察覺自己力量大！

■ 教養之前，家長要先懂

自我情緒察覺是一種辨識與了解自己情緒的能力。

自我情緒察覺力強的人，可以分辨情緒的細微差異，了解情緒的來龍去脈，因此較能精確分析行動後果，而採取明智的反應對策。只有當我們對自己的身心有意識感，才可能轉化它。

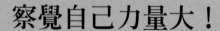 **自我察覺能力如何培養**？

察覺自我情緒這件事，說來容易做來難；事實是，我們經常不夠認真察覺，而被情緒帶著團團轉。許多時候我們看起來「生氣」，其實是連自己都被騙過去的偽裝版「無助」；孩子看起來「傷心」的一些時刻，真正的情緒也許是「羞恥自卑」。我們處於一個不習於討論情緒的文化背景中，少有相關的情緒知識背景與教育，自我察覺真的不容易啊！

📎 學習察覺內觀，培養情緒察覺力

既然自我情緒察覺是一種能力，就代表它是可以培養的。有許多科學證據顯示，察覺內觀的經驗可以使知覺感受度更開明，並降低思緒的雜亂度，有助於樓上腦與樓下腦的和諧性。

所謂察覺內觀（或稱正念，Mindfulness）是指以一種不評價的態度，專注於當下的經驗（例如：呼吸、咀嚼、步行……）。在察覺內觀的時刻裡，我們與腦內幾乎流瀉不斷的思慮保持距離，單單聚焦在當下。彷彿閉目靜坐水邊，專注湍流聲響，混亂思緒也許不識相地經常造訪，但就讓它順水逝去，唯有流水聲。

看著寶寶沉睡，專注自己的呼吸，也許思緒無數紛紛襲來：會不會感染？要不要送去保母家？要不要搬家準備轉學區？要不要現在買保險？拉回來！專注在呼吸上，利用寶寶入睡中的十分鐘就可以進行察覺內觀。

📎 察覺內觀如何影響情緒？

一般的概念裡，要改變對事物的慣性反應，必須改變認知；而察覺內觀（正念冥想）卻不努力思辨，反而以主客易位的「觀察家」

身分對思緒袖手旁觀，卻更能調節情緒，似乎有悖常理。這是怎麼一回事？

當我們學習允許平均每天閃過數萬個念頭的大腦意識「被放逐」（注意喔！是 let it go，不去理會），意味著許多會讓我們緊張、焦慮及恐慌的想法不再輕易的擄獲我們，逐降低由樓上腦引發樓下情緒腦的內在刺激，因而情緒可以逐漸穩定。也就是說，察覺內觀會改變情緒腦受思緒影響的程度，重新走出一條路。

舉例來說，長輩干涉孩子教養令人忿忿不平；在過去，這種思慮總直接傳達至情緒腦的邊緣系統，於是樓上腦與樓下腦一起瘋狂起舞。若因察覺內觀而建立新的路徑就會減少思慮抵達邊緣系統的力道，彷彿你輕聲說：「朕知道了！可退去！」從今起情緒火山不再胡亂爆發了。

察覺內觀對情緒的正面效果

腦科學的影像檢查已發現察覺內觀有其獨特的大腦活化型態，而且會留下持久的改變。理查·戴維森（Richard J. Davison）博士，一位美國研究情緒與大腦的專門學者，在他的書《情緒大腦的秘密

檔案》中，對察覺內觀與大腦的關係做了很詳盡的整理。他發現：

❶ 察覺內觀經驗使人有較佳的注意力。

❷ 察覺內觀經驗使人比較不焦慮。

❸ 察覺內觀經驗使人有較佳的挫折回彈力。

❹ 察覺內觀經驗使人左前額葉較活躍，因而較正向。

❺ 察覺內觀經驗提升免疫力。

❻ 察覺內觀經驗提升染色體端粒生命，減緩老化。

　　理查‧戴維森同時也針對一些有長期察覺內觀靜坐經驗的高僧做系列腦部研究，發現在他們主管情緒訊號的腦島和頂顳葉交會處（insula and temporoparietal junction）的活化程度都大於一般人；意味著他們的情緒敏銳度與同理心都較強。不僅如此，他們在聽到負面情緒性聲音時，杏仁核（生氣中樞）的活性也較低。天啊！這簡直就是夢想中高 EQ 人的美麗大腦啊！

　　但是一如運動強身不能光說不練，必須努力鍛鍊一樣；察覺內觀（正念冥想）這種腦部運動，亦必須認真去做才能見到效果。

察覺內觀法的基本練習法

步驟：

1. 調整坐姿舒服的坐著；雙腳平行張開，與肩部同寬；雙手輕輕放在腿上；可以閉上眼睛，也可以微閉眼睛，也可以注視著腳尖。

2. 慢慢深呼吸，讓自己放鬆下來。把一隻手放在上腹部；用鼻子吸氣進來；再慢慢從嘴巴吐出去，感覺上腹部隨著吸氣鼓起來，再消下去，感覺呼吸由鼻子慢慢吸進來，再經過嘴巴慢慢吐出去。感覺胸部充滿了空氣，再消下去。

3. 注意呼吸時的感受，注意呼吸時胸部與上腹部的鼓起與消下，感受呼吸由鼻子進來，慢慢由嘴巴吐出去，感覺手隨著吸氣升起，再隨著吐氣降下去，慢慢的繼續吸氣呼氣。

4. 專注吸氣後上腹部像氣球般鼓起，吐氣時上腹部慢慢消下去。這個過程中可能會有一些情緒或想法出現，沒有關係，繼續將注意力回到呼吸上面，不要讓這些情緒或想法影響了觀呼吸的節奏，持續地將注意力轉到呼吸上，任由這些想法來來去去，這些想法就只是個想法，讓它們飄過去，將注意力拉回呼吸上。

調節情緒的重要步驟：留意情緒訊號

　　情緒自覺是辨識與了解自己情緒的能力，其涵蓋的範圍很廣，但留意身體的生理訊號是最易入手的一步。因為我們的腦內有一個相對應的身體地圖，當某一情緒激發時，通往身體反應的路徑就有如 GPS 自動導航系統。

　　許多人因為焦慮而吃藥，但不知道吃的抗焦慮藥其實是心臟病藥物，本是用來降低心搏速率。人們自覺吃過藥後焦慮感下降，其實只是心跳被藥物變慢了而已；原來讓他感到焦慮的事物仍然存在，但卻不再那麼焦慮了！可是很少人察覺到焦慮對心跳的變化，自然就難以「自助」以降焦慮。因此建立情緒生理反應的雷達偵測系統，對調節情緒是很重要的步驟。

情緒俄羅斯娃娃，為情緒精準命名

　　給情緒精準命名是自我情緒察覺力的終極目標：越精準，情緒負擔越輕。精準命名是對自己發生什麼事的領悟，而領悟能帶來療癒。被人理解時感到溫暖，被自己了解也是一樣的，心領神會的力量無分彼此。

學著對類似的情緒做出差異化的命名。例如：生氣可以從不悅、不爽、氣憤難平、火冒三丈、怒火中燒，到雷霆之怒、咬牙切齒、怒不可遏，甚至要掄起拳頭傷人洩憤，有不同程度上的差異。

試著辨識情緒中的情緒，我們的情緒有時像俄羅斯套娃，不抽絲剝繭，找不到真正核心。例如：生氣往往不只是生氣，當中經常夾雜著無助、懊惱、傷心、絕望、忌妒、羞愧；悲傷也常常不單純，仔細分辨時也可能發現有失望、罪惡感，甚至喜悅相隨。

根據學者羅伯‧普拉奇克的情緒輪理論（Pluntchik's wheel of emotions），不同情緒可以由基本情緒交雜而成，一如紅黃藍三原色，可以變化出無數繽紛色彩。

情緒案例

孩子整晚摸東摸西，三催四請功課拖拖拉拉，根本無法準時上床。於是媽媽破口大罵：「催妳整晚，妳為什麼還是不聽話、慢吞吞？晚睡就不可能準時起床上學啊！每天都要做的事，卻每天要罵一次。」

如果媽媽能夠靜下來察覺情緒，也許就發現一個情緒套娃（下圖）。

最外層是生氣（孩子不聽話！），但是中層是焦慮（明早起不來），內層可能是無助甚至自卑（除了罵竟然沒有方法可以處理，別人家大概不會有這種事）。

如果能夠精準察覺情緒，媽媽可以不必生氣了；因為發現真正核心在於要找出方法以解決問題。生氣只是張牙舞爪，看不見的焦慮與無助才是重點。

情緒套娃

＊**最外層**：生氣 ➡ 孩子不聽話！

＊**中層**：焦慮 ➡ 孩子明早起不來。

＊**內層**：無助、自卑 ➡ 除了罵竟然沒有方法可以處理，別人家大概不會有這種事！

✎ 情緒會引發哪些身體反應？

有些情緒的身體反應很明顯，我們很容易連結。例如：憤怒和恐懼時，腎上腺分泌增加、胃腺分泌減少，呼吸短促、血壓增高、心跳加速、口乾舌燥；呈現交感神經系統活動亢進的作戰準備。

而感到快樂時，身體放鬆、眉開眼笑；感到興奮時，心跳呼吸都加快、臉部潮紅、肌肉也緊繃等。憂鬱時除了愁眉深鎖，心中如壓了一塊大石難以呼吸；悲傷時形銷骨立、柔腸寸斷，或淚如雨下。每一種情緒都有其對應的身體反應，只是很多時候我們視如無物。

但生理的反應調節有助情緒和緩，因此如果留意身體訊號，情緒察覺的功力必然大增。

事實上，從生理面向找到情緒問題與從情緒面向找到生理問題一樣重要。當身體有些異於平常的反應時，多想一下；做一下情緒偵探，發掘真正的自己。感到身體舒暢時，問問自己當下是甚麼情緒；感覺不舒服時，也問問自己有沒有可能是某一個事件引起的情緒反應。日積月累後，就不會漏掉情緒與身體的關聯性了。

情緒案例

曉華有幾次在上學前腹痛到必須先到診所看醫生。幾次折騰下來，醫生請家長留意當日有無特殊活動，因為除了患者主觀的描述外，並無其他異狀。家長發現，若逢比賽、上台，或大考，曉華腹痛的機率大增。

結 果

曉華從來就是好孩子，沒人懷疑她說謊，她也為腹痛苦惱不已。曉華的腹痛是與焦慮伴隨而來的生理現象。如果沒有抽絲剝繭對症下藥，曉華就沒有機會學到如何面對焦慮。

情緒案例

莫妮是大公司的主管，家庭事業兩頭燒，即使常需至國外出差，但長輩也都願意配合照顧孩子，她對自己的生活充滿信心。

有次跟先生談到腹瀉次數增多，是否需要就醫時；先生突然說：「妳有沒有發現每次出國前兩天，就會開始腹瀉？」莫妮仔細一想，似乎真是如此。爾後，開始留意，當真發現堅不可摧的關聯性。

雖然出差一事，對莫妮來說似乎易如反掌，但殊不知身體已誠實地反應出焦慮；其實她很怕搭機出事，很擔心自己不在時孩子生病……

結 果

> 莫妮發現自己其實很焦慮以後，腹瀉反而停止了；因為她進一步探討搭機的風險，更有效率地降低出國頻率與縮短停留，也安排好孩子若需就醫時的步驟。對症下藥，這可是身體與情緒聯手提醒莫妮的呢！

探討引發情緒的真正原因

情緒套娃的最內層情緒往往才是真正的起因。

但是很多時候，人類會用最省力的偷懶方式來面對挑戰，因而形成自動導航模式。想一想 GPS 廣泛使用後，對於尋找路徑還需要用心嗎？有了手機後，還記得幾個電話號碼？大腦就是這樣取巧，能省則省。家庭中若有不停重複上演的劇目，就要想想有沒有特定狀況會引發自動導航？請找出誘發因子，關掉自動導航，方能察覺而主動決定行駛路徑。

情緒案例

小芬的先生有幾次同事或同學聚會自行前往，他的說法是，聚會並未要求攜伴參加。小芬心裡十分不悅，自此吵架變多了，吵什麼呢？

「我剪頭髮了，你一點也沒發現嗎？眼裡有我嗎？」

先生短回：「有啊！一定要說嗎？」

「穿這件好，還是另一件好？」

先生短回：「自然就好！」

小芬又生氣了：「你覺得我太胖了嗎？」

先生說：「啥？我有說嗎？」

結果

幾次下來，小芬驚覺其間的關聯性：先生獨自赴約，引起不快是情緒套娃的最表層，中間層是背棄感，但還有最底層……

小芬回想起小時候，當媽媽只能帶一個孩子赴宴時，她總是被留下來的那一個。大人們會說：「姐姐禮貌又懂事，功課也沒問題；妹妹留在家認真讀書。」

解開情緒套娃，真相大白！年幼時被父母拿來比較的說法烙下重印：沒有參加宴會代表自己被評為「次等」的沮喪情緒又回來攪局了。還好小芬有自覺，也願意花時間與自己對話。拆解完情緒套娃後，小芬開始啟動自主駕駛，找回主控權。

大人懂了，一起說給孩子聽

大人可以說故事：用測謊器來說情緒

· 這樣說：用測謊器來辨識情緒反應

警察在辦案時，會用測謊器來看嫌疑犯有沒有說實話，有助找到真兇。19 世紀起就有科學家努力研究說謊時呼吸、心跳、血壓與說真話時的不同，20 世紀更加上此兩者間皮膚導電性的差異。

一般來說，說謊時我們會緊張，所以呼吸會加快，心臟噗通噗通加速，也許還加上臉紅手心冒汗。除非是說謊成性的人，要不然一定會有變化。科學家利用這些變化設計出測謊器來幫助辦案，效果雖然受很多因素影響，還是有一定的幫助。

現在接受測謊時，受測者身上會貼上許多監測生理變化的儀器，包括心跳、呼吸、血壓、體溫、皮膚導電性及出汗狀況，甚至瞳孔

大小等，因為人在說謊時身體變化與說實話時不同。想一想，你自己說謊時的情緒，以及身體在那一刻有什麼變化呢？

測謊器之所以產生就是因為我們的情緒跟身體反應經常是手牽手一起來的，只是不一定察覺得到，所以需要儀器幫點忙。

· 這樣說：布恩犯案了嗎？

2012 年亞特蘭大的 20 歲水電工布恩，因為涉嫌殺害一個 7 歲女童接受測謊。布恩否認所有指控他的相關問題。可是測驗員最後告訴他：「有兩個問題顯示你說謊了。」布恩不服氣的說：「再做一次，我沒有說謊。」

有許多人跟布恩一樣，覺得自己可以騙過測謊器。是的，有些人的確可以。

可是布恩不是其中之一，他的表情也許看起來很鎮靜，可是他的生理現象卻誠實的顯現了他說謊。當被問到過去的犯行紀錄時，布恩又否認了。這下測驗員可紮實地抓到布恩說謊，因為警局的紀錄清楚的記錄著。

「你知道紀錄上有，所以你現在正說謊。剛才的提問你有一樣的反應。」測驗員說。接著測驗員又用類似的問題挑戰他，布恩的聲音越來越小，最後他承認了！

但也有例外。謀殺了 48 個婦女的美國惡名昭彰綠河殺手（Green River killer），竟然通過了測謊器測驗，20 年過後才在 DNA 檢驗下坦承犯案。

一般來說，測謊器如果在接受過良好訓練的專業人員執行下，約有八成以上的準確率，但也不是萬能的啦！

・這樣玩：想一想你的情緒變化

說完測謊器原理後，帶著孩子一起來想一想，當情緒發生時身體可能產生的變化吧！

1. 😆 害羞 ➡ 臉部發熱泛紅，心跳加快⋯⋯

2. 😠 生氣 ➡ 呼吸急促、肌肉緊繃、眼睛張大、心跳加快、雙手握拳⋯⋯

3. 😃 快樂 ➡ 拍手、跳起來、笑出聲來、心跳加快、眉開咧嘴⋯⋯

4. 😢 傷心 ➡ 頭兒下垂、眼淚流出、嘴角下垂、肩膀下垂⋯⋯

5. 😨 害怕 ➡ 心臟噗噗跳、轉頭閉眼、口乾舌燥、手腳發抖、起雞皮疙瘩⋯⋯

6. 😖 厭惡 ➡ 噁心、嘔吐、轉頭閉眼⋯⋯

遊戲設計，深入學習

🌸 遊戲 1：小朋友的察覺內觀遊戲

先說明察覺內觀會讓我們聚焦於當下的體驗，身心都會平靜下來，有助於樓上腦與樓下腦成為好朋友。

察覺內觀（正念）的遊戲種類繁多，但是最容易的還是數息。

· 簡單的數息（請大人幫忙數數）：

1. 一邊數 1、2、3、4，一邊吸氣。

2. 停住氣 1、2、3、4。

3. 一邊數 1、2、3、4，一邊吐氣。

4. 停住氣 1、2、3、4。

如此連續做 1 至 2 分鐘。

· 也可以專注在吃一粒葡萄乾、一粒糖果、一片橘子、一片蘋果……

1. 每個人先挑出一粒葡萄乾，仔細觀察葡萄乾外表的凹凸痕。

2. 仔細聞聞葡萄乾的味道。

3. 放入口中，先從接觸時感受葡萄乾的形狀，跟觀察時有什麼不同。

4. 在口中與唾液混合時的感覺。

5. 慢慢地品嘗，輕輕地咬開。

6. 慢慢體會與感受，最後才吞下。

7. 吞下後，體會齒頰間的感覺。

遊戲 2：小朋友的肌肉放鬆遊戲

肌肉放鬆遊戲有助於提高身體的敏感度，在焦慮時也有益於放鬆身體。

大人可以念著以下的步驟，指導孩子做；或是大人深諳步驟，就可陪著孩子一起做。依照孩子的年紀，可以選做一部分（1 ～ 11、12 ～ 19、20 ～ 28、29 ～ 33）；或任意組合。

1. 輕鬆的坐在椅子上，雙腳平貼在地上，背貼著椅背，雙手輕鬆的擺置，閉上眼睛，專心在自己的身體。

2. 想像左手握有一顆檸檬，現在，用力擠壓這顆檸檬，好像要把檸檬汁全部擠出來一樣！

3. 感覺已經全部擠出汁來，現在，突然把檸檬放掉！

4. 還是用左手拿一顆檸檬，現在再用力，擠出比剛才更多的檸檬汁。

5. 感覺已經全部擠出汁來，現在，突然把檸檬放掉！

6. 好好感受一下，此刻你左手的輕鬆感。

7. 換右手！想像右手握有一顆檸檬，現在，用力擠壓這顆檸檬，好像要把檸檬汁全部擠出來一樣！

8. 感覺已經全部擠出汁來，現在，突然把檸檬放掉！

9. 還是用右手拿一顆檸檬，現在再用力，擠出比剛才更多的檸檬汁。

10. 感覺已經全部擠出汁來，現在，突然把檸檬放掉！

11. 好好感受一下，此刻你右手的輕鬆感。

* * * * * *

12. 想像你是一隻大鳥展翅，現在把雙手上舉，盡量伸展，一直伸，一直伸，好像你就要碰到天花板一樣……然後突然放下。

13. 現在感受一下雙肩的輕鬆感。

14. 再一次更上舉，重覆 12&13。

15. 休息一下，想像你是一隻在曬太陽，懶洋洋的，好舒服的小烏龜，好舒服……好舒服！

16. ㄡ！糟糕了！你現在是一隻遇到危險的小烏龜！趕快把你自己縮在龜殼裡！！把頭盡量靠近肚子，手腳都縮在殼裡面，盡量縮！……盡量縮……盡量縮！！

17. 現在危險已過，把頭伸出來，讓手腳輕鬆擺著，感受一下好輕鬆的感覺。

18. ㄡ！糟糕了！比剛才更危險了！小烏龜又要縮進龜殼了！比剛才縮的更緊！

19. 現在所有危險都已過，把頭伸出來，讓手腳輕鬆擺著，感受一下好輕鬆的感覺，什麼都不要怕，就只是感受那種輕鬆感！

＊　＊　＊　＊　＊　＊

20. 現在張大你的嘴巴，好像可以吃下一隻大白鯊，張很大……很大……很大。

21. ㄡ！現在吞下去了，讓嘴巴放鬆，輕輕閉起來，休息一下。

22. 現在緊緊的閉上你的眼睛，很緊，很緊，一點點光線也不讓它跑進眼睛，很緊很緊……

23. 現在放鬆眼睛，好像你要睡著了一樣，輕輕鬆鬆！輕輕鬆鬆！

24. ㄡ！飛來一隻蚊子，停在你的鼻子上，想像你的手腳都不能動，你只能扭動你的眼睛、鼻子、嘴巴把牠趕走……用

力扭 ……用力扭 ……！太棒了！蚊子飛走了，現在你可以輕鬆一下了，感受一下臉部的輕鬆感。

25. 又！又飛來一隻蚊子了！再一次用力扭……用力扭 ……！太棒了！蚊子飛走了，現在你又可以感受一下臉部的輕鬆感。

26. 現在想像有一個功夫高手，要在你的肚子上打一拳，你運氣把肚子撐的硬硬的，很硬很硬，要迎戰這一拳……撐著，撐著。

27. 好，你做得很好，他無法傷到你，現在你可以放鬆肚子了，感受一下肚子的輕鬆。

28. 重覆 26&27。

* * * * * *

29. 現在想像你要過一條很急的河流，你必須先站穩，你的腳趾頭用力抓著河底的沙子，你的腳趾頭要很用力，很用力的抓住！

30. 好，現在放鬆你的腳趾，感受一下那種輕鬆感！

31. 重覆 29&30。

32. 現在你整個人都好輕鬆，腳下有涼涼的溪水，頭上有暖暖的日頭，好舒服。好舒服……

33. 現在可以張開眼睛了！！

遊戲 3：比手畫腳猜情緒

這個活動提醒我們身體有許多情緒線索呢！

玩法

1. 先準備好有情節的題目並只讓表演者過目，其他人不能偷看。（如下：這些情節旨在協助表演者模擬情緒），分成 AB 兩組進行對抗。

2. 班級或家中成員在看到題目後，需設法利用臉部表情、眼神或肢體語言讓同組者猜到題目中的情緒。

3. 若有人猜對，表演者所屬的那組即可得分。

情緒題目範例

· 月考考完了！這個周末可以什麼功課都不用寫了！感覺 _____（快樂、開心）！

· 感覺這次月考數學考的沒有什麼把握，覺得有些 _____（擔心）。

· 星期一到了！第一節課老師發考卷了！快要輪到我了，感覺 _____（緊張）。

· 拿到考卷了，90分，還好還好！覺得 ＿＿＿＿（放鬆、輕鬆）。

· 弟弟沒有問我，就玩我的玩具，還弄壞了一角！覺得很 ＿＿＿＿（生氣）。

· 打開房門，突然一隻老鼠從腳邊跑過去，我簡直要暈倒了！ ＿＿＿＿（嚇壞了、恐懼）。

· 叔叔買了一隻水槍給哥哥當生日禮物，我覺得 ＿＿＿＿＿＿＿（羨慕、忌妒）。

· 想到有人吃狗肉，我就覺得 ＿＿＿＿（噁心）。

· 阿強喜歡扯女生的辮子，我一看到他就覺得 ＿＿＿＿＿＿＿（討厭）！

| 社交篇 |

孩子，我想更了解你

來說說社交察覺！

▌教養之前，家長要先懂

真正高 EQ 的人一定要能察覺自身與他人的情緒，方能處理人我關係。不察覺自己也不理會他人的超級大白目，在人際關係的場域注定被揚棄，因為所有持久的情誼一定是雙向管道；有來有往情深意切，目中無人眾叛親離。

社交察覺能力強，代表設身處地為人著想的能力強，意味著深具同理心。然而察覺他人情緒是一種辨識與了解他人情緒的能力，這種能力至少涵蓋三方面：

❶ 敏感度 有些人的社交雷達特別敏銳，快速偵測到情緒訊息。

❷ 判斷力 偵測出的情緒訊息能正確解讀。

❸ 傳達力 解讀之後能讓對方接收，有益雙方關係。

美國的社交情緒教育聯合中心（CASEL，Collaborative for Academic， Social，and Emotional Learning）衍伸說明社交察覺力的終極目標是：

· **換位思考：** 不只從自己的角度看事情，也能設身處地。

· **同理心：** 了解他人並真實的感受他人的情緒，是你我一同的態度。

· **尊重差異：** 了解每一個體與文化都有其價值信念，不妄加評斷並開放心胸互相尊重。

情緒調節力強的人，聚焦自己也不忘他人，因此，這裡要探討的是如何察覺他人，滋養同理心。

主動式聆聽：察覺他人情緒的好方法

現代人的一大特點是一心多用。經常在餐廳見到一家子聚餐，親子各看各的手機，交談時也鮮少眼神交流。在黑暗的電影院中經常被此起彼落超大螢火蟲似的手機螢幕干擾，連看電影也無法專心。

但是如果要察覺別人的情緒，那一定要專心尋找線索才行。

主動式聆聽是察覺他人情緒的基本功。主動式聆聽不只是聽別人說話，而是要真正「聽到了」別人說的話。而且還不只「聽到了」，還「覺得聽懂了」，然後確認話中的真意，用真心去體會，與話中的情感產生共鳴。

✎ 主動式聆聽的 4 要點

主動式聆聽有四個要點：

❶ **全神參與** 放下手邊事務，彼此靠近，眼神接觸。
❷ **確認訊息** 摘要談話內容，確認沒有誤解。
❸ **確認情緒** 設身處地，確認對方感受。
❹ **總結提問** 將了解的內容與情緒結合，理出因果關係，以不評斷的態度請對方確認。

✎ 主動式聆聽與被動式聆聽的差異

	主動式聆聽	被動式聆聽
尋找情緒線索	有	差
令對方感到被重視	有	差
確認訊息與感受	有	差
不評價	有	差
解決問題	鼓勵對方動動腦	強加意見

情緒案例

在咖啡廳裡，貞伶鬱鬱地跟友人聊到青春期的兒子近來獨自在房間裡的時間越來越長，對貞伶的提問也越來越少回應，無論怎麼問都僅以，「嗯！」、「沒有啦！」、「不知道！」帶過去，母子過往的親暱時光一下子就不知去哪兒了。友人喝著咖啡，一邊回答……

. 被動式聆聽

友人這樣說：

「青春期到了啦！忍耐一下就過去了啦！」

「你以前青春期時沒有這樣嗎？不用擔心啦！」

「誰家沒有青春期孩子，無所謂啦！我看你是更年期快到了！走吧！我陪你去逛街，讓自己開心。」

· 主動式聆聽

友人這樣說：

❶ 全神參與 停止喝咖啡，與貞伶眼神接觸，略為傾身向前。

❷ 確認訊息 「你說兒子最近話越來越少，好像不喜歡跟你溝通。」

❸ 確認情緒 「以前孩子跟前跟後親子關係很好；現在表示關心卻得不到回應，令你十分失落。」

❹ 總結提問 「兒子沒有像以前一樣跟你談心，你感到憂心與失落。有想到是什麼因素導致的呢？他還有沒有其他生活上的改變呢？」

結 果

主動式聆聽不但在聽，還要聽清楚，更要聽正確，確認對方感受，再提出問題與建議。

✎ 爸媽必學：主動式聆聽技巧提醒

非言語情緒線索比言語更重要。

非言語式溝通（non-verbal communication）包括姿勢、眼神、表情、動作、手勢甚至聲音等，言語式溝通則包括口語或文字。非言語式溝通所傳達的訊息資料量比言語傳達（verbal communication）多出30％以上。

非言語表達往往比言語早到又誠實。言語能力強的人一定有交流上的優勢，但有些木訥的人卻廣受大夥兒喜愛，因為木訥的人用眼神、表情、肢體語言傳達訊息，這也說明這兩種溝通方式同等重要。

言語固然具體呈現想要他人知道的意念，並且很容易彼此分享溝通，但是有時候卻不太老實。非言語式的表達相對隱晦，又多屬潛意識層次，卻傳遞較多訊息。一般人容易聚焦在言語上，忽略非言語式傳達，因此需要提醒與學習。

也就是說，我們除了以言語跟他人溝通外，也要留意自己非言語性表達所傳遞的訊息。

情緒案例

奶奶看到小新回家了，很開心地問他：「今天帶去的樂高玩具，

下課時有沒有跟同學一起玩啊？」

「有。」小新回答。

「他們喜歡嗎？玩得高興嗎？」

「喜歡、高興。」

奶奶發現雖然小新的字句都是愉快的，可是聲音卻是低沉壓抑的；同時奶奶也注意到，小新回答時眼睛並沒有與她對焦、肩膀下垂、直接半倚在沙發。

奶奶心裡知道，聲音姿勢比言語流洩更多訊息。

「上課很累嗎？」

「不累。」

簡短的回答感覺不像平常嘰嘰喳喳到處放電的小新……

「奶奶怎麼感覺你有些低落呢？不像玩得很高興又不累的樣子？有沒有什麼事情跟奶奶分享？我好想知道你今天的活動經過呢！」

結果

在奶奶主動式聆聽的陪伴下，小新慢慢說出樂高玩具沒有被同學好好愛護的感受，可是破壞者是自己最好的朋友；說出來怕失去朋友，但是自己又很不高興……在奶奶的協助下，小新開始思考解決問題的方法。

主動式聆聽與 6 到

察覺別人的情緒訊號時要很專注，才能發掘微細的線索，運用「6 到式主動式聆聽」就不容易遺漏蛛絲馬跡，和孩子溝通時尤其需要。

親子或師生間任何一方有重視的問題時，大人們如果無法立即主動式聆聽，宜約好時間表示慎重，才能真正察覺情緒與問題。

❶ **眼到** 眼神接觸。

❷ **耳到** 專心聽。

❸ **心到** 用心去體會。

❹ **手到** 手邊事務停下來。

❺ **腳到** 腳步停下來。

❻ **口到** 確認你所聽到的，說出對方可能有的感受，並表達你的感受。

情緒案例

「媽媽，彥文說根本就沒有聖誕老公公，我得到的禮物是你們給我的。」小花對著在廚房忙的媽媽說。

「有啊！他騙你的。」媽媽邊切菜邊回答。

「是啊！我也是這樣跟他說。可是他說我被騙了！」

「你跟他說，你都收到禮物了！」媽媽頭也不抬。

「他說我太笨了！為什麼長大就沒有禮物？收到的都是好騙的笨小孩！」

「你要相信他嗎？走開！等一下要吃飯了！」

「討厭的媽媽！你到底有沒有在聽？」

「什麼討厭？你到底要不要吃飯？」媽媽也火了。

結 果

媽媽其實是沒有主動式聆聽，一方面媽媽忙，另一方面是媽媽不覺得這個問題重要。

如果媽媽主動式聆聽，「彥文說你是好騙的笨小孩，難怪你生氣。收到聖誕老公公的禮物，快樂地跟他分享，結果卻是這樣。」

「對啊！沒有的話，為什麼我會收到禮物？難道真的是你買的嗎？」小花仰著頭，看著媽媽……

對於這個問題，大概每位父母都處理過，沒有標準答案。端看大人如何誠摯地運用 6 到式主動聆聽，依照年齡、認知力、周遭影響度而定。

「預約」在良好的時間點運用「6 到」

　　忙碌的生活中，不可能孩子的每一個問題都有時間回應，但是我們可以 「預約」喔！媽媽可以說：「你很想知道彥文說的對不對，可是現在我很忙，沒辦法好好回答。吃完飯媽媽馬上跟你討論。」這樣媽媽才有足夠的時間運用「6 到」。

- **眼到**：眼神接觸：看著小花的眼睛。
- **耳到**：專心聽小花敘述與彥文的對話內容
- **心到**：用心去體會：想到自己有無類似經驗與孩子可能有的
    感受（被罵幼稚）。
- **手到**：手邊事務停下來。
- **腳到**：腳步停下來。
- **口到**：確認所聽到的，說出對方可能有的感受，並表達媽媽
    的感受。

珍貴的同理心：親子情感更貼近

在中文裡同理（empathy）、同情（sympathy）與慈悲（compassion）經常混用，在國外倒是分得很清楚。有鑑於同理心一詞被使用的次數漸漸有凌駕於同情之勢，做些區別也是好的。

其實英文裡原來也沒有同理（empathy）這一詞，其字源來自德語，意味著「一同進入感受（feeling into）」，也就是感同身受。同情止步於「我知道」你的狀態，而同理則從「我知道」提升到「我也感受到」的層次，在情感上更貼近了。

✎ 同情心與同理心的差別

· 同情是：「我知道了。好可憐。」

· 同理是：「我了解！感同身受，一起來解決。」

慈悲則是同理心的極致，因為同理他人的痛苦，願意挺身而出解決當下問題，並且著眼於未來。例如：同理孤兒的困境，願意出錢出力開辦孤兒院解決難處；了解氣候變遷影響後代子孫生存環境而力行節能減碳，並引領風潮等等。

· 同情心：是你我有別。例如：

「他一定會很痛苦。」

「在大太陽下工作會中暑，他好可憐。」

· 同理心：是站在他人的角度去看事情，並設身處地以「你我

一同」的態度支持。例如：

「他一定會很痛苦。椎心之痛啊！他需要陪伴，我

去陪陪他。」

「在大太陽下工作會中暑。我有這個經驗，我去拿

些水給他。」

🖋 同理心，孩子 7 歲前不容易

在家長課程的統計中，「希望孩子成為具有同理心的人」，幾乎每次都會進入家長教養目標的排行榜前三名，我們多麼希望孩子自愛也愛人。

先來看看同理心要牽涉到多少元素：

❶ 體會別人的感受。

❷ 說出別人的感受。

❸ 記得自己的感受。

❹ 想像處在他位的感受。

❺ 說出合宜的話。

❻ 做出合宜的行動。

這麼多元素都要具備需要一定的成熟度，雖然有時也會看到小小孩互相摟抱或擦擦眼淚，遞上餅乾等暖心舉止，但真正要有你我情緒的辨識與處理力，認知上的餘裕與執行能力，在 7 歲前是不容易的。同理的能力逐步成熟後，師長要教導關於霸凌、歧視、壓迫等進一步的道德議題才容易些。

✎ 察覺他人情緒能力，培養同理心

同理心怎麼來的？是與生俱來的嗎？同理心需要教導嗎？答案在我們腦內鏡像神經系統（mirror neurons system）的鏡像神經元。

鏡像神經元的發現又是科學史上另一個美麗的錯誤。原來只是想要知道恆河猴抓取不同物品或無意識動作所引起的大腦運動皮質變化，竟然發現恆河猴看到研究人員拿起東西時，就跟自己拿東西時腦的神經元反應一致。這下可好了，找到代工廠了！眼睛看到別人的動作，腦內就仿真了！跟自己做的一樣了！

在機能性核磁共振攝影掃描（fMRI）的幫助下，已發現人腦也有鏡像神經系統。不只是動作可以鏡像，情緒系統亦然（inferior frontal gyrus，下額迴），其他研究也顯示，此部分的反應程度與一個人的同理能力成正比。

因為有這些情緒鏡像神經系統，我們可以因所見所聞而感同身受。如果不是這樣，我們怎能在電影院哭得唏哩嘩啦？心裡明知道是演戲，但是一旦眼見了，我們的鏡像神經系統就動工了。如果不是這樣，我們如何進入哈利波特的魔法世界，或是金庸的武俠江湖？那都不是真實世界，但我們依然可虛擬出人物，而與之同喜同悲，所憑藉的也是鏡像神經系統。可以說，精細的腦為了讓我們彼此之間更易相互了解、分享、互助，預設有「共享」網路了。

這樣說來，同理心需要教導嗎？其實答案很簡單，而且道理與大腦發展也相關。大腦不是一張白紙，出生後我們擁有的大腦存著萬代以來預設的許多系統，然後以用進廢退的原則來增強或削弱。一如我們希望孩子的理性腦與情緒腦連結線路強大而注意情緒教育一樣；希望孩子更有同理心也是要外界協助腦中這些部位發展。

　　科學家們也希望可以更具體的呈現教與不教同理心差別在哪裡？加拿大的小學裡發現，教導同理心的班級，吵架少了 50％；在對醫護人員的同理心研究裡也發現，如果經常提醒職業倦怠的醫護要記得同理病人，比起那些沒有被提醒的醫護，前者的醫病關係與療效具增強。

　　同理心是情緒教育的重大目標，事實上沒有高 EQ 也不可能有強大同理心。家長將「成為有同理心的人」當成養育孩子的理想境界，這絕對要從加強察覺他人情緒能力做起，而不是多來幾場關於同理心的演講。 如果我們沒有好好聽到別人說出的，觀察別人沒說出的，那就很難設身處地換位思考，遑論同理心了。

　　簡單地說，同理心是由「感受學來的」，不是「聽訓學來的」。如果師長願意花時間察覺孩子的情緒，而非妄下評斷；願意體會他的感受，孩子也會願意模仿這種讓別人感覺舒服的做法。希望孩子具同理心，先做好模範吧！

大人懂了，一起說給孩子聽

用「停看聽說」來說明主動式聆聽

以上述「6 到」來跟孩子說明察覺他人情緒對大一點的孩子是很好的；年紀小一點的以簡單的口訣（停看聽說）進行也許更易懂。

· 這樣說：停看聽說

想不想交到更多好朋友？要成為別人的好朋友，要深入了解對方；意味著要能察覺別人的情緒與想法。

察覺他人情緒的武功秘笈是「主動式聆聽」。武林高手在比武時，不是一上場就胡亂出手，而是眼觀四面，耳聽八方。當我們要察覺別人的情緒訊號時也是要很專注，才能發掘微細的線索，運用主動式聆聽就不容易遺漏蛛絲馬跡。

有個秘招叫做「停看聽說」：停下來、看仔細、聽清楚及說明白。

當你的朋友有事想跟你說時，你可以運用下面的方式，更容易貼近朋友的心。

停	**停下來**	腳步停下來，手上遊戲或工作停下來
看	**看仔細**	眼睛看著朋友
聽	**聽清楚**	專心聽他說什麼
說	**說明白**	說出你明白了什麼

·這樣做：停看聽說實際運用

大人可以舉例：同學下課時聊天……

> 志志：嘿！！我昨天去海邊耶！你去哪裡玩？
>
> A同學：星期天說好要去看電影的，結果我媽說我數學考不好，要我在家寫考卷……。
>
> 志志：（翻著書包找玩具）我給你看我昨天買的玩具……

如果用了「停聽看說」會如何呢？

> 小燕：嘿！！我昨天去海邊耶！你去哪裡玩？
>
> Ａ同學：星期天說好要去看電影的，結果我媽說我數學考不好，要我在家寫考卷……。
>
> **小燕「聽看聽說」：**
>
> 停 停下來，沒有翻書包找玩具。
>
> 看 眼睛看著 Ａ 同學。
>
> 聽 仔細聽。
>
> 說 你本來很高興要去看電影的，卻因為數學沒考好變成要寫考卷。如果是我可能很失望也很生氣，你會嗎？

讓孩子想一想如果自己是 Ａ 同學，會想跟志志或小燕成為好朋友？為什麼？

大人可以說故事：說說同理心

同理心的教導最忌諱用「說」，甚至「教訓」；最好的方法是用「感受」。大人們在生活中多同理孩子，當孩子們溫暖地接收到關懷，很自然地就會施之於他人。

用故事，影片來協助孩子們領會，等於啟動他們的鏡像神經元，是很好的方法。

· 這樣說：說同理心故事
故事 1 為什麼大家都剃光頭？

這是一個發生在台灣高中的真實案例。

請病假很久的小華到學校上課，朋友圍著他：「你為什麼剃光頭啊？太熱了，是不是？」小華頭低低的，不說話。

頑皮的小建說：「哈哈哈！好像和尚喔！」

小華悶不吭聲。幾個朋友還跑過來摸摸他的頭。

小彥走過來對大家說：「小華剃光頭一定有他的想法或理由，這樣逗弄別人不好呢！」

老師進教室對大家說明，小華因治療疾病而掉髮，希望同學體諒小華還在恢復期，請大家多多幫他的忙。

　　幾個剛才逗弄小華的朋友覺得不好意思，把頭低下來。下課時他們偷偷的商量。第二天全班剃光頭……

故事 2　大家都不一樣

　　豬、乳牛和綿羊，一起被關在同一個畜欄裡。主人捉住豬時，豬群總是大聲嚎叫，猛烈地抗拒。綿羊和乳牛討厭它們的嚎叫，生氣的指責豬群們說：「你們也太誇張了吧！主人也常來捉我們，我們並不大呼大叫。」

　　豬隻們聽了回答道：「捉你們和捉我們完全是兩回事，他捉你們，只是要你們的毛和乳汁，但是捉住我們，卻是要我們的命！」

　　綿羊和乳牛聽了，都默不做聲了。這時他們才明白為什麼豬都叫得那麼悽慘啊！

・這樣做：你的經驗

　　大家聽完故事後，可以一起討論：

　　＊如果你是小華，會有什麼感受？

＊你會願意跟小華班上同學一起剃光頭嗎？

＊一開始小豬哭的時候並不被理解，你自己有沒有被誤會的經驗呢？或是你有沒有誤會別人的經驗呢？

其實日常生活中類似的故事或經驗比比皆是，大人們可以隨手擷取，跟孩子一起討論。

例如：「有人跌倒了」。

大家一起過斑馬線，小花講得興高采烈之際突然滑倒了！有的同學覺得很滑稽，哈哈大笑起來；但是阿智看到小花臉上痛苦的表情，趕緊把她扶起來，還說：「好痛喔！我扶你起來，先到對街看看傷口，我上週也滑了一跤呢！」

如果你是小花，你希望看到別人的反應是什麼樣的呢？

遊戲設計，深入學習

 **遊戲 1：聽清楚的遊戲：「老師說」**

玩法

1. 選出一人當老師，其他人就是學生。

2. 只有當老師的動作命令前面加上「老師說」時，學生才可以有動作。如果做了沒有加上「老師說」的動作，或動作做錯了，那個人就出局了！

3. 最後的贏家就是下一場的老師。

例如

爸爸當老師。

「老師說：舉起你的右手！」──大家都舉右手。

「老師說：舉起你的右腳！」 ──大家都舉右腳。

「放下右手」──結果弟弟放下右手，於是弟弟出局。

Tips

爸爸可以加快速度，或設計難度動作來讓真正專心聽的人贏得比賽。為了增加遊戲的難度與趣味性，再加上「老師沒說」的口令也很好玩。

遊戲 2：看仔細的遊戲：「什麼不見了？」

玩法 1

1. 大人在一個大盤（例如：自助餐盤或烤盤）裡放置 10 種左右的物件（放置的物件可以相關如餐具、文具，也可以彼此無關連）。

2. 給大家看若干秒，然後用布蓋起來。

3. 大人秘密地拿走 1 至 2 個物件，然後回來打開布，讓大家想想「什麼不見了？」

玩法 2

1. 在紙上各自出數字題（多少數字依孩子年齡而定），在相同的時間內出現與收回，然後彼此猜出對方所寫的數字。

2. 最好另有一個裁判，不然可能會對出現的時間長短，或誰先說有意見。（例如：哥哥寫：78910、弟弟寫：56771，然後說出對方的數字，最後統計猜對的次數。）

3. 還可以玩進階版，把數字倒著猜。

Tips

　類似的遊戲相當多，一方面可以讓孩子練習「看仔細」，另一方面也是培養專注力的好遊戲。

遊戲 3：說明白的遊戲：「換句話說」

主動式聆聽裡面的「說明白」目的在確認對方的想法與情緒，讓對方明白我是真的認真聽，所以大人可以設計情境題，讓孩子學習如何把別人的話「換句話說」來確認。此外，家長要留意的是，主動式聆聽是要人在心在，並以口到確認情緒感受，千萬不要演變成「指導」大會，直接下指導棋或批評苛責。

玩法

1. 大人把準備好的情境句子，請孩子把對方的情境與情緒（**情境 + 情緒**），換句話說一次來確認。

2. 例如：前排的 29 號轉過頭向你抱怨：「23 號是我的好朋友，他邀請好幾位同學去他家吃生日蛋糕，卻沒邀我，太過分了！」

   ➡ **換句話說（情境 + 情緒）：**「你跟 23 號那麼要好，他請同學慶生卻漏你，聽起來你有些生氣與難過。」

3. 例如：錦宏在吃便當時說：「家裡有弟弟真倒楣，全家都繞著他團團轉，我的書、玩具，通通都要分他！」

➡ **換句話說（情境＋情緒）：**「有了弟弟後，許多東西要跟他分享，你似乎不太高興是不是？」

4. 例如：前往籃球場的途中，小明說：「健佑沒有資格當籃球隊隊長。」

➡ **換句話說（情境＋情緒）：**「對於健佑當籃球隊隊長這件事，你似乎有些不以為然是不是？」

Tips

為了增加趣味性，可以準備多一點情境題再抽籤；甚至可以有裁判評分呢！

遊戲 4：同理心影片

教育部防制校園霸凌法治教育宣導動畫第一篇：防制言語侮辱篇。這是很感人的同理心影片，看完後，大家可以抒發心得，一起分享。

| 調節篇 |

孩子的情緒調節力

來說說如何增強情緒調節力！

■ 教養之前，家長要先懂

察覺自己的情緒之後，接下來就是調節情緒了！情緒沒有好壞、對錯，因為情緒是樓下腦的本能反應；但是情緒反應就有差別了，如何調節情緒再做出反應就跟後天修養相關。

人類社會文化在歷史的洪流中，跟物種一樣不停地突變以求適應。從約兩百萬年前的直立人開始，到一萬多年前的智人，再到數千年前的文明起源以降，人類的演化豈是一個「快」而已；比起地球的演化史，人類真是超音速！這樣的超速演化也使得人類本身的「人擇」力量，漸漸有凌駕天擇的傾向。

超速演化使得情緒調節力如何能適應人類訂定的社會規則與潛規則變得越來越重要。如何建構良好的情緒調節力可用「停、想、做」來進行。

「停」的力量：察覺力量大

情緒調節力之首要在於「察覺」，也就是前述提及的察覺自我情緒（自覺）與察覺他人情緒（覺他）。為避免從刺激到直接反應，「停」一下來察覺情緒很要緊。（請參考第 3、4 章）

刺激 ─ 停 察覺 ─ 反應

「想」的力量：從認知心理學擷取情緒調節力

「想」的心理學：認知心理學，有助調節孩子的情緒

心理學的門派不知凡幾，而且推陳出新；認知心理學大概是最好懂的一種，也因此廣為人知。亞倫・貝克（Aaron Beck, 1920～2021）博士等人強調，行為背後的思維認知會影響情緒、行為、決策，建議藉由扭轉想法，包括：固定性思維或那些自己也難發現，彷彿躲在冰山下的心思意念來改變表面的行為或感受；至今處理認知扭曲的認知心理學仍是心理治療很重要的支派。

　　雖然認知心理學指出許多認知上的錯誤，但是許多人即使知道想法不對，還是沒辦法改變！於是認知心理學進入 21 世紀後，也有許多修正路線，開始強調「接納」。先接納感受、同理困難，再來處理想法與行為；也因為談到接納，談到感受，於是「情緒」也在認知心理學有了一席之地。

　　認知行為心理學治療（cognitive behavior therapy，CBT）很容易了解與運用，值得大家認識：不只是在治療上有益處，平日對孩子的情緒調節也很有幫助，於師長本身更是一種心理教育。

　　認知行為模式（cognitive model）的金三角是刺激、想法、情緒與行為，可以簡單畫成：

認知行為模式金三角

在某個情境下發生了某一事件（**刺激**），個體對事件有自己的看法或解釋；然後根據這個信念（**想法**），個體產生不同的情緒（**情緒**），行為與行為的後果（**行為**）。

若不加思索，誘發事件看似直接激起了情緒和行為；但是同樣一件事，對不同的人，為什麼會引起不同的情緒與行為呢？認知心理學認為，因為中間有一個縫隙被忽略了，那就是不同個體有不同認知；也就是看法不同。

✎ 想法的產物➡情緒與行為

也可以把認知理論想成一座冰山：平常我們只看到行為（冰山上層），其實行為下有情緒與想法（冰山下層），而且冰山下的故事才多呢！只是大部分冰山下的運作沒有被意識到。

認知心理學家相信，情緒、行為都是認知（想法）的產物，藉由認知改變可以帶來三者相互的改變。

認知心理學冰山模式

行為

情緒

想法

✎ 認知基模：與個人成長經驗有關

　　爲什麼對於同一個情境事件，每個人的想法會有差異？俗語說：「態度決定一切。」態度代表的就是每個人的信念。每一種固定的信念稱爲基模（schema）。這些思考基模好像堆積木時的一小塊基本單位，更多基模還可以堆積成不同的樣貌，於是對於各式情境就有不同的想法信念，情緒與行爲於焉不同。

　　我們的認知基模是怎麼來的呢？亞倫・貝克認爲基模與個人成

長經驗有關。在家庭、學校與社會中，我們接收並學習對事物的解讀、判斷與建立價值，一步步架構出對事物的基本信念。

各個面向都有基模：對他人、對自己、對場合、對性別、對宗教、對金錢，對成人而言，沒有既定基模的面向並不多。正常狀態下，我們會有一些核心基模作為自我的磐石。例如：我是一個很普通的女生、我的身材很瘦小，我的牙齒暴暴的等等。對他人也有認知基模，例如：大部人的人會喜歡跟我做朋友，話太多的女生真討厭，不要跟陌生人說太多話等等。

情緒案例

月子中心的新手媽媽疲倦又興奮，幸福又焦慮；步履看似緩慢，心緒卻高亢不停歇。

「醫生，我的雙胞胎成長得好嗎？」

「很好喔！體重都在 50 百分位，對雙胞胎而言，非常難能可貴。」

兩個月後⋯⋯

「醫生，我的雙胞胎成長得好嗎？」

「非常好，都標準，妹妹更好，身高體重都到 75 百分位，比哥哥還要好。」

「那不行，不行！」

「為什麼？哪裡有問題？」

「女生太高太胖會嫁不出去，妹妹要開始減肥嗎？但會不會影響她的發展？該怎麼辦才好呢？」

「………」醫師無語。

結果

媽媽有一個根深蒂固的認知基模「女生不能胖」，這使得她從孩子兩個月大起就很焦慮；其他人覺得離譜的想法，可真是令媽媽煩惱的不得了。這個認知基模怎麼來的？醫師得好好跟媽媽談談了。

成長過程中信念慢慢形塑固化成基模，基模反覆出現變成「自動化思維」，自動化到無法察覺其存在的程度，在日常生活中不停的影響著我們。

✎ 認知扭曲

如果基模不正確呢？如果基模與事實不符呢？

對認知心理學家來說，人們有許多偏見，稱為認知扭曲（cognitive distortions），這些想法與真實狀況並不吻合；認知扭曲

深深地影響情緒與行為。因此要變換情緒就需要轉念，把認知扭曲導正回來，面對真正的現實。

亞倫・貝克（Aaron Beck）與他的學生伯恩斯（David Burns）是認知行為學派重要推手，兩者在認知扭曲上有極多研究，他們認為心理問題常與認知扭曲相關。

＊焦慮的人對於事物的認知會傾向「自我中心化扭曲」，例如：發現裙子有一個破洞……

「怎麼辦？每個人都看得到我的裙子有一個破洞！」➡ 焦慮的人。

「沒有人會去看的啊！就算看到了，又有什麼關係呢？」➡ 不焦慮的人。

＊有攻擊性的人是對情境的解釋有「敵意性認知扭曲」：

「看什麼看？為什麼一直看我？你看我不順眼嗎？」➡ 具攻擊性的人。

「你為什麼一直盯著我看？有飯粒嗎？」➡ 不具攻擊性的人。

＊有憂鬱傾向的人則有「負向歸因災難推論認知扭曲」：

「這件事沒有做好，老闆一定會想開除我，也許就是下個月了！」➡ 具憂鬱傾向的人。

「這件事沒有做好，下個工作要認真點了！」➡ 不具憂鬱傾向的人。

貝克更列出很多認知扭曲，較常見的如：

＊自動過濾（filtering）：**就像戴上墨鏡看東西，好事都自動濾掉，只看到壞事。**

➡ 只因一位好友沒有來，其他人眼裡的快樂生日趴完全走味，根本爛透了。

＊兩極化思考（polarized thinking）：**對事物的看法兩極化，有一點不好的就一定是壞的，簡直就是一翻兩瞪眼，非黑即白。**

➡ 如果孩子抽中這家有名的幼兒園，將來發展就一帆風順，如果沒有抽中，那將來會很棘手。

＊過度推論（overgeneralization）：**以單一事件做全盤的推論。**
➡ 周歲還不會走，運動神經一定很差，以後就只能坐辦公室！

　　＊災難化推論（catastrophizing）：**對事及人都有最糟的想法。**

　　➡ 剛剛失控打了孩子，我真是一個糟透了的母親。這樣的暴力一定留下心靈上無法抹滅的傷害，天啊！我不該生孩子的。

　　＊自我中心化（personalization）：**把事情全歸為自己的因素──都是我！**

　　➡ 婆婆說孩子長的比較小，我知道她一定在暗示我不會養孩子！

　　➡ 爸媽會離婚，都是因為我不夠好。

　　➡ 要不是我堅持吃 XX 補品，憑他們家的基因，今天孩子不知有多矮。

　　＊都是別人的錯（blaming）：**與上述自我中心化相反，把事情全歸咎為他人的因素──都是你（他）！**

　　➡ 老師偏心，沒有選我參加運動會的大隊接力。

　　➡ 老公總是說沒關係，要讓孩子自然發展尋找興趣。現在呢？也沒看到找出什麼興趣，倒是沒有一件事可以贏過別人。有這樣的爸爸，孩子怎麼會有成就？

　　＊讀心術（mind reading）：**自行揣測對方的想法而未加以證實──一定是這樣！**

➡ 先生不要我參加晚會，一定是嫌我帶不出場。

➡ 隔壁林太太不太跟我說話，一定是我們家孩子太吵了，我得好好管教他們才行。

*應該與必須（should and ought）：**對事情有既定的嚴格標準，經常以「應該」或「必須」要求自己或別人達標。**

➡ 媽媽必須親自煮三餐才對，要不然就是失職。

➡ 每一家的孩子都有學樂器，我們家孩子也應該要學。

*完美主義（perfectionism ）：**每件事都要盡善盡美，甚至做到第一；否則就等同失敗。**

➡ 孩子都要照著發展曲線走，要不然就是不正常。

➡ 暑假期間孩子生活更要規律，我要好好替孩子們安排每一天，不能浪費大好時光。

✎ 轉念來轉情緒

認知扭曲是很常見的，每個人都有；但是我們經常不承認，也可能不自覺。如果發現經常在同一個情境下感到不舒服或產生困擾，不妨問問自己：「這個想法的證據充分嗎？」、「我有沒有認知扭曲？」、「還可以怎麼想？」

　　轉念一詞說來容易，其實很難。認知基模形塑我們，要挑戰堅若磐石的基模，恰似解剖自己。這也是心理師存在的理由，他們是客觀的專業人士，由他們帶領會容易許多。

　　自己可以做嗎？當然可以。但是首先要有認知扭曲存在的概念，不然如何尋找一個自己不知道存在的東西？你可以這樣做：

❶ 提醒　當意識到情緒紛亂煩躁低落，情況混亂難解時，提醒
　　　　自己有沒有可能因為認知扭曲？
❷ 辨識　可能存在的話，是哪一種？
❸ 挑戰　有沒有證據贊成或駁斥現在的想法？
❹ 清除　一旦確認屬於認知扭曲，就要清除它。
❺ 轉念　找出合乎現實的認知取代之。

情緒案例（以老師幫助孩子為例）：

　　小夫最近悶悶不樂，上課看窗外，下課桌上趴；老師覺得孩子有心事。自習課時，老師請他來聊聊；原來是父母可能會離婚，家中不寧靜。

　　「小夫，你都不跟同學玩，老師覺得你似乎很不安，情緒有些低落。」

在師生好好聊過之後，小夫的一句話使老師豎起耳朵。

「我很不乖，做了很多壞事，他們討厭我和這個家，所以他們要離婚。」

結 果

老師當下協助小夫拆解認知扭曲炸彈（我很不乖，他們討厭我和這個家）：

❶ **老師先提醒學生認知可能有誤 ➡ 提醒**

「小夫沒有做過好事嗎？爸媽沒有讚美過你嗎？上次運動會親子賽跑，我記得你跟爸爸得獎，好高興喔！那次老師見到爸爸媽媽都笑嘻嘻的。上個月你在學校發燒，媽媽很著急，趕來帶你去醫院，好關心你⋯⋯。」

❷ **師生就這個問題討論，進一步辨識小夫的認知扭曲 ➡ 辨識**

「小夫跟每一個孩子一樣，偶爾會做錯事，有時會惹爸媽生氣。老師有些時候也很生你們的氣，但我仍然很愛你們。」

「你也發現爸媽還有其他原因吵架⋯⋯。」

「如果你說是因為自己不乖，做了壞事，使得爸媽想要離婚，這是百分之百正確的嗎？」

❸ **師生挑戰認知扭曲，這個認知扭曲是「自我中心化，都是我的錯」** ➡ 挑戰

「小夫，有哪些時候覺得爸媽很愛你？」

「小夫，有哪些時候爸媽誇獎你做的很好？」

「小夫，有哪些時候爸媽說出為什麼他們想離婚？」

❹ **清除認知扭曲炸彈** ➡ 清除

「所以現在我們一起發現，雖然你偶爾會做錯事惹父母生氣，但是更多時候他們認為你是個好孩子。因此『我很不乖，做了很多壞事，他們討厭我和這個家，所以他們要離婚。』的判斷是不正確的。」

老師：「不符合事實的錯誤想法會讓人很不快樂，掉入壞情緒的陷阱裡。我們一起來拆掉它，換上正確的事實好不好？」

❺ **轉念來轉情緒** ➡ 轉念

「爸媽想要離婚是一件令人難過與不安的事。大人離婚的理由很多，但不是因為我曾做錯過事，或不愛我或是討厭我才要離婚的。」

身為成人的我們也許有比孩子們更多的認知扭曲，根深蒂

固自以為是。但若是當情緒持續低落，人我關係緊繃，或反覆
出現相同困境時，應該察覺有無認知扭曲攪局。如果有，試試
轉念轉情緒！

 ## 「做」的力量：試了才會改變

要改變認知扭曲，知易行難。認知基模歷史悠久，其來有自且
堅若磐石。那要怎麼辦呢？唯「做」而已。知而不做，與無知相同；
在發現自己有某一種認知扭曲影響情緒與人際關係，並且知道趨近
現實的正確認知時，就轉念吧！

✎ 驗證認知

再以上述小夫與老師的案例說明。

「小夫，如何可以確認爸媽是不是因為『我很不乖，做了很多
壞事，因此他們討厭我和這個家，所以他們要離婚』呢？」老師提
問。

「我不知道……。」小夫低著頭。

「如果問問他們呢？比方說：我知道你們想要離婚，是因為我很不乖嗎？你們討厭我嗎？」老師建議小夫直接問父母以驗證自己的認知。

✎ 轉動轉念

小夫回家後鼓起勇氣問了父母；雙親都十分訝異於孩子的自責，他們一起與小夫談論過去以為孩子不懂的話題。

「小夫，跟爸媽談過了嗎？」老師問。

「嗯！他們說不是因為我才要離婚的，雖然他們也想要我乖一點。」小夫回答。

「爸媽的事老師幫不上忙，但是老師可以跟你一起度過難關。」

「謝謝老師。」

師生一起討論小夫在父母離婚事件中的情緒與想法。

「小夫，現在你可以告訴自己：『雖然爸媽因為 XXX 原因要

離婚，但是他們都很愛我，即使有時候我會犯錯。』因為我們都知道這才是事實。」

小夫點點頭；因為轉念，他臉上的線條柔和多了。

✎ 持續轉念

認知心理學運用轉念來協助人們調節情緒，不過認知扭曲是相當頑固的，有時須得來來回回驗證轉動。就像改變習慣一樣，一定要「持續繼續做」才有用。

「小夫，老師會陪你一起度過這段困難的時光，有問題記得來跟老師說。」

老師會反覆查看小夫有沒有持續轉念，轉變情緒。

大人懂了，一起說給孩子聽

用塞翁失馬的故事來說明看法不同，情緒也不同

耳熟能詳的塞翁失馬故事在這裡派得上用場。

・這樣說：塞翁失馬

有一個名為塞翁的老人家，他與同村村民對事情的反應總是不一樣。

當塞翁的一隻公馬從馬廄裡走失了，怕塞翁難過的鄰居們都來安慰塞翁。但是塞翁一點都不難過，反而笑笑說：「馬雖然走失了，也不一定是壞事啊！」

　　過幾天這匹公馬自己跑回來了，而且還帶回了一匹母馬。鄰居們又紛紛跑到塞翁家來賀喜。塞翁卻又對大家說：「無緣無故多了一匹馬，誰知是好是壞啊？」

　　塞翁的兒子訓練新來的母馬時，從馬背上摔下來跌斷了腿。鄰居們知道後，勸塞翁不要太難過，塞翁卻說：「摔斷了腿，未必是壞事呢！」鄰居們真的無語啊！怪人一個！

　　過了不久，朝廷徵調青年去當兵，面對強悍的敵人，戰死沙場幾乎是必然的。塞翁的兒子卻因摔斷了腿不用當兵，反而因此保全了性命。

‧這樣做：拆解塞翁與村民的想法

　　大人可以跟孩子拆解塞翁與村民的想法、情緒與行為。

　　因為塞翁想的跟別人不一樣！我們的情緒與反應裡面躲著「想法」，只是我們經常沒有發現。

　　事件導致想法，然後產生情緒與行為，最後有不一樣的後果。

事件	塞翁的想法	塞翁的情緒	村民的想法	村民想像塞翁的情緒
馬走失	不一定是壞事	還 OK	丟掉一匹馬，損失很大	難過
多一匹馬	不一定是好事	還 OK	多一匹馬真棒	高興
兒子摔斷腿	是好是壞很難說	還 OK	腿斷了真慘	傷心

你怕蜘蛛嗎？還怕什麼？

· 這樣說：你會害怕嗎？

小明看到蜘蛛嚇跑了，但是小華看到蜘蛛笑嘻嘻地很快跑過去，為什麼？

小明覺得害怕是因為他覺得會被蜘蛛咬，而且蜘蛛的長相很噁心，害怕的情緒使他尖叫，趕快跑開，所以小明心裡的想法是噁心的蜘蛛會咬人。

小華的想法是什麼呢？她想的跟小明有什麼差別呢？大家可以一起來討論。

·這樣做：轉念的力量

孩子怕黑嗎？怕狗嗎？怕蛇嗎？

大家可以想一想對上述事物的認知有什麼不同？導致了什麼情緒與行為？

有時候我們的情緒太快了，行為也太快了，所以根本不知道自己其實是有一個想法的！但是如果要調節不舒服的情緒，我們可以改變想法來改變情緒喔！這就是轉念。想法影響情緒，情緒影響行為，行為引發後果。

 ## 用思考陷阱來說明認知扭曲

有一些想法並不正確或不切實際，被稱做思考陷阱（前述的認知扭曲）；思考陷阱常發生在情緒高漲的時候。「思考陷阱」會讓我們感到更糟糕或會讓事情更壞，就如同落入陷阱一樣！得要把這些陷阱找出來，才不會受到傷害。

·這樣說：別掉入思考陷阱

以下是生活中常見的思考陷阱會使我們對真實的情況有錯誤的解讀，使得我們被情緒鎖住，甚至產生不好的行為與後果。認識陷

阱很重要喔！認識後才能避開！可別被陷阱捕捉了！

＊放大鏡：以放大的方式來看待事物。

例如：小明賽跑時不小心跌了一跤，他覺得全校的人都知道這件事，太丟臉了，他一整天都不想出去，也不想跟別人講話。

➡ 小明是不是誇大了事情？全校的人都知道？只有他會跌倒嗎？小明就是用了放大鏡看自己摔跤的事情。

＊太陽眼鏡：好像戴著太陽眼鏡看東西，眼見都是黑黑的，沒有光明面。

例如：到兒童樂園玩時，丸子不喜歡入門處的旋轉木馬，吵著說：「好幼稚喔！沒有一個刺激的，我要回家了。」

➡ 丸子好像戴著太陽眼鏡看兒童樂園，覺得全部都黑黑的，沒一個好玩；其實她如果再往前走幾步，就有好多她喜歡的項目呢！

＊算命籤筒：在證據不足的狀況下就對尚未發生的事做預測。

例如：分班後，我一定交不到朋友。

➡ 根本還沒有發生的事，事先就做了結論，好像算命一樣。

＊都是我的錯：**就算事情跟自己無關也會怪罪自己，認爲都是自己的錯。**

例如：朋友一個早上都沒有跟小芬說話，她覺得一定是自己做錯了什麼事惹朋友生氣。

➡ 其實根本與小芬無關，而是因爲朋友早上被媽媽罵了。只要有問題，小芬就會掉入「都是我的錯」的陷阱，先責備自己。

＊都是他的錯：**只要事情出差錯，一定是別人的錯，自己一定是對的。**

例如：因爲沒有遵守遊戲規矩，所以老師禁止小米再繼續玩遊戲。小米覺得是老師的錯，因爲老師偏心。

➡ 其實老師根本沒有偏心。只要有問題，小米就會掉入「都是他的錯」的陷阱，先責備他人。

遊戲設計，深入學習

遊戲 1：找出思考陷阱

玩法

1. 拿一張紙寫上幾個思考陷阱的名稱（算命籤筒、放大鏡、太陽眼鏡，都是他的錯、都是我的錯等等）在說出情境題後，供孩子參考。

2. 準備一些情境題，參考樣本如下：

> ・小華的老師建議他選班長。他決定不要出來選，因為他覺得沒有同學會選他。➡（**算命籤筒**）
>
> ・小堂上課忍不住跟隔壁同學講話，被老師責罵了。他覺得他是班上最糟的學生。➡（**放大鏡**）
>
> ・拉拉的籃球教練給了拉拉很多讚美及鼓勵。有一次，正當拉拉要回家時，教練說拉拉的運球還要加強，可以在家裡做運球的練習。拉拉很難過，因為覺得自己籃球打的糟透了。➡（**太陽眼鏡**）

· 小唐的父母規定不能在餐桌以外的地方吃東西。但是有一天小唐把果汁拿到客廳去，被弟弟撞倒，結果果汁都灑到地毯上。父母請他要負責清理乾淨，並提醒他家中的規矩是不能把食物拿到餐桌以外的地方。小唐認為全都是因為弟弟撞到他，應該弟弟才是要負責清理的人。➡（**都是他的錯**）

· 小森在路上遇到同學小強就大聲的打招呼，但小強卻一點反應也沒有。小森覺得一定是自己做錯了什麼事，讓小強生氣不理自己。➡（**都是我的錯**）

3. 請孩子們說一說有沒有思考陷阱在其中？是哪一種？支持與反對的證據是什麼？

4. 有許多陷阱是連續陷阱，既是放大鏡，也是太陽眼鏡，也可能還加上都是我的錯。也就是沒有標準答案，只要說的有理就可以。

5. 家長可以視孩子的理解程度再加上其他的思考陷阱。

6. 遊戲末了，親師可以請孩子想一想最近情緒最不好的一件事。在這件事中，有沒有掉入哪一個思考陷阱呢？

遊戲 2：停數吸吐來調節怒火

玩法

1. 先說明生活中有些事件像火花一樣，可能會點燃我們的怒火，像隻噴火龍一樣引起可怕的火災，但我們可以做些事情來幫助火花不會擴散，這個方法叫做「停數吸吐」，一起試試看。

2. 大人示範：

  當你有火花的感覺，停下你手邊正在進行的事情。

  從 1 數到 10。

  吸一口長長的氣。

  慢慢地把氣吐出來。

3. 念出以下類似情境題，接著大家一起停數吸吐讓樓下腦冷靜
下來。

· 有同學把墨水倒在你全心全意努力完成的圖畫上，你氣得
要命，想 K 她一頓。

· 好朋友正說你壞話，你又難過又氣，真想衝過去罵她，也
想躲起來大哭。

· 想像你是大雄，跟大家一起加入棒球隊。球隊最後輸了，
胖虎在全部人面前罵你防守失誤害得大家輸了。但是胖虎
也被對方三振出局好幾次啊！他憑什麼侮辱人呢！

4. 大人們也可以最近發生的例子拿出來跟孩子們一起停數吸
吐，然後討論身體與情緒的變化。

| 人際篇 |

解決人際衝突成為好朋友

說說社會情緒力！

■ 教養之前，家長要先懂

社會情緒教育的重要目標之一是與他人建立良好的人際關係；也就是成為 EQ 高，具解決問題能力，能與他人和諧相處的人。當我們能察覺自己與他人的情緒，並學會轉念來調節自己的情緒之後，其實就已為處理人我關係打下堅實的基礎。再來就是學會衝突解決！

人際關係與衝突：學習處理人我關係

不要怕衝突！衝突一定有，而且一定要！

每個孩子天生氣質不同，成長中所經歷的事又繼續形塑他的人格與價值觀，因此每個人想法與作法都不同，所以大家都會遇見衝突；而且越是親密，衝突越多。正因如此，社會情緒教育中很重要

的一環是「面對衝突」，因此大人要能指導孩子「處理人我關係」。

正向積極的面對衝突是民主社會未來子民最需要的一堂社會學！好好教導孩子，他將永遠受用！

✎ 衝突＝不同意＋不愉快

衝突是不同、不同意、反對，或相反，這樣的定義甚廣。對小小孩來說，也許只是：「不要拿我的玩具！」，對大孩子可能是：「我不要跟她好！」或是：「我不想現在寫功課，我要再玩一下！」總之，有一個「不同意」在裡面，不要、不想、不贊成、不喜歡；關鍵在於這個「不」引起了彼此的「不愉快」才稱之為衝突。如果這些「不」沒有引起任何不愉快，那就不叫衝突。

因此衝突可以簡單定義為：「不同意」，加上「不愉快」。衝突解決的目的在找到一些方法，使得這些不同意不再不愉快，或最起碼也要降低不愉快！

如果我們把這簡單的衝突定義深入剖析些，便會發現這些不同意與不愉快，可以發生在與陌生人、熟人、家人，及自我之間，前

三者稱外在衝突，後者稱內在衝突。外在衝突顯而易見，內在衝突隱而未現，但造成的不愉快則難分軒輊。

✎ 衝突的前因後果

·產生衝突的原因

跟自我都會有衝突了，怎麼可能跟別人沒有？以下列舉一些常見原因。

＊**利益不同**：我要這個東西。➡ 他也要這個東西。

＊**觀點不同**：我認為要這樣做才好。➡ 他認為應該要那樣做。

＊**感受不同**：我覺得很受傷。➡ 他覺得根本是小題大作。

＊**方向不同**：我覺得應該朝 X 方向著手 ➡ 他認為要朝 Y 方向。

＊**價值觀不同**：我吃點虧沒關係。➡ 他則認為一定要據理力爭。

其他還有信仰不同、期待不同、責任不同、權力不同等，不勝枚舉！所以，衝突一定有；學會如何面對衝突以找出最好的解決方法是社會情緒教育的重要目標之一。

· 衝突導致的後果

衝突所引起的強烈情緒十分不愉快，這些強烈的情緒，包括憤怒、失望、忌妒、焦慮、擔憂……，幾乎都站在愉悅情緒的對立面，所以大腦便開啟「戰或逃」的求生模式。有的人傾向避免衝突，或甚成為和平製造者（peace maker）；有的人則馬上怒髮衝冠，口出惡言或揮拳相向，進入標準的戰鬥模式。

無論是避免衝突或是面對衝突，其關鍵都在於「情緒」，而且是不愉快的高張情緒。避免衝突者想要避免情緒浪潮，面對衝突者雖然正面接招，但不一定能全身而退，甚至弄得內傷（自己痛苦）加外傷（傷害他人）。

沒有處理好衝突，會有那些後果呢？

＊**內傷**：自己生悶氣、焦慮、不快樂、憂傷，或者變得孤僻不合群。

＊**外傷**：罵人使對方傷心、打人傷了別人身體。

＊**波及無辜**：傷了兩方背後的人馬，如：家人或社群。

✎ 衝突帶來的好處

先要讓孩子了解為甚麼有衝突是很自然的事（上述前因），而且未來衝突也會以許多形式存在，因此要能正面看待它，找出最好的態度面對衝突，避免不愉快的情緒持續或造成傷害（前述後果）。

因此先來想想衝突的好處吧！好好的解決衝突反而得到更多正能量。

*擴大自己看待事情的角度。

➡「原來你這樣想呀！」、「原來也有這種看法啊！」

*更了解別人的感受。

➡「原來他那麼討厭別人開玩笑！」

*讓別人更了解自己的需求與感受。

➡「我一聽到你們取笑我弟弟，我就非常生氣。」、「沒有徵得我的同意就拿走故事書，我非常不高興。」

＊激發解決問題的創造力。

➡「我想這樣做，你卻想那樣做。那我們能不能試試這個新方法？」在衝突中往往會找出新的出路，激發創造力。

＊增強耐性與韌性。

➡在衝突中要聽、要等、要協商、要妥協；這些都是產生耐性與韌性的元素。

＊幫助找到氣味相投的朋友。

➡在衝突中最容易發現對方的特質是否能為自己所接受？朋友的觀點與自己的歧異有多大？能不能接受對方處理事情的態度等等。

在衝突中表達自己的情緒──善用我訊息

在衝突中大家都會有情緒，而且是又暴又猛的情緒。衝突之所以難處理原因正是如此，兩團烈火迅即燎原。但是隱藏情緒亦非良方，一是無法讓對方知道自己真正的感受與想法，二是憋著極易自傷；此時「我訊息」是一個好的情緒表達方式。

　　我訊息是以「我」為主詞來說明自己的感受，捨棄慣用的「你」主詞。表達自己的感受當然以「我」為主詞，這還要說嗎？重點在於，如果沒有學習我訊息，我們最常說出口的卻是「你」，指責別人畢竟容易多了。

✎ 我訊息＝我的情緒＋理由＋期待

> 我訊息＝我的情緒＋理由＋期待

　　我覺得……，因為……，我希望……

　　主詞由「你」換成「我」，敵意馬上降低。理由中沒有「你」少了責怪，而期待的是「我」會帶來鼓勵。這三個成分不必全部出現也沒關係，端看情況而定.

✎ 我訊息與你訊息的差別

　　.例如：媽媽對於孩子晚睡很擔心。

　　＊ ⓨ 訊息：「這麼晚了，你為什麼還不去睡？你精神不好，明天怎麼上課？」

　　＊ ⓦ 訊息：「我很擔心，因為太晚睡明天精神會不好，這麼晚了，該去睡了！」

➡ 兩個媽媽都很擔心，但後者因用了我訊息（我很擔心），使得敵意頓失。前者則因沒有表達自己的情緒，變得好像在指責。此二者的結果可能大相逕庭啊！

．例如：哥哥對於弟弟撕破他的書異常憤怒。

＊（你）訊息：「你每次都不小心，看！我的書破了。」

＊（我）訊息：「我很生氣，我的書破了！我希望我的書被好好愛護。」

➡ 兩個哥哥都很生氣，但後者用了我訊息（我很生氣）來取代「你都不小心」的針對性指責，使得弟弟的防禦性下降，後續的處理會比較容易進行。

．例如：同學 A 因講話不專心，使得大隊接力由贏轉輸。

＊（你）訊息：「都是你啦！害我們輸了！如果你不講話，專心一點就好了！」

＊（我）訊息：「我覺得失望又難過，大隊接力因為失誤而輸了！真希望可以奪冠的！」

➡ 兩個同學其實都是失望又難過，但是後者用我訊息表達自己的感受，使得 A 同學比較沒有被置於鎂光燈焦點下的感覺，防禦的本能下降，愧疚感取而代之。

．例如：同學 B 用手機拍下你跌倒的照片，放在群組或臉書上。

＊ (你) 訊息：「你就是要羞辱我，不然爲什麼把我的照片放上去？」

＊ (我) 訊息：「我覺得很丟臉，跌倒的照片被放在群組上，眞希望沒有發生這件事。」

➡ 我訊息在衝突中既可誠實傳達自己的感受，又可以禮貌地讓對方較容易接受建議。小小的改變，大大的不同。

在衝突中找方法解決問題

教孩子如何解決問題可眞是大學問，說到底，這不就是爲人父母的至高心願嗎？我們永遠不可能一直陪著他面對一切橫逆，時時耳提面命、絞盡腦汁、費盡力氣。如果眞能如此做，也表示沒有給孩子生命的釣竿，那還眞的是失職的父母啊！所以重點在協助孩子有能力自己找方法解決問題。

行動輪盤

深呼吸

散步

舉起圖卡求救

關門

寫畫心情日記

求助

再想想

想法

數到十

看圖卡

聽音樂

以下幾個步驟供大家參考：

❶ 有什麼問題？（以開放式問題提問，家長不宜檢察官似的質詢）

❷ 有什麼方法？（家長做紀錄，而非下指導棋。列出所有解決問題提案，年紀小的孩子可以使用「行動輪盤」如上圖）。

❸ 選一個試試。（除非有危險顧慮，否則優先次序應尊重孩子意見）

❹ 不行換一個再試試。

　　行動輪盤列舉出建議的方法，在孩子解決問題能力還不足時，是很好的提示。師長可以根據孩子經常起衝突的內容做出最適合的行動輪盤。

情緒案例

　　阿強上了五年級後，課後活動多了起來。每每回家玩不到一小時，又要出門學才藝。一年級的小妹似乎自由自在多了。這週以來類似事件發生幾次，此次為最。

　　小妹覬覦哥哥手上的新玩具，在媽媽催促哥哥上課去時，插了幾次嘴：「哥哥，你要遲到了，還不快點出門！」

　　小妹：「奶奶，你看哥哥每次都不聽話。」

　　阿強起初回嘴：「要你管！多嘴婆！」

　　待阿強勉強起身，妹妹一把拿起玩具後，阿強隨即搶回玩具，惡狠狠地說：「你敢拿試試看！」還推了妹妹一把。這下把全家人的火都點上了！

　　（X）如果父母立即仲裁：「你要去上課，給妹妹玩有什麼關係！」

　　（X）如果父母立即說教：「馬上要遲到了，你能不能認真一點？」

　　（X）如果父母立即責罵：「回來我跟你算帳！」

　　上述三種（X）的回應很常見，也代表師長把衝突看成負面問題，真的是煩死了。

　　然而如果師長可以把每次的衝突都當成是解決問題能力的培養，也許就不會那麼怒急攻心。來試試以下的辦法吧！

	大人：「你們為了什麼事吵架呢？」
有什麼問題	阿強：「妹妹好煩，好吵，而且為什麼她可以趁我不在，玩我的玩具那麼久？」
	妹妹：「我好心提醒他耶！大家都在催他，為什麼就打我？他又不能玩，為什麼我不可以玩？」
有什麼方法	阿強：「妹妹不要叫我上課！我不在時不可以玩我的玩具。」 妹妹：「哥哥不在，我可以玩他的玩具。」 阿強：「我可以帶玩具去上課！」 妹妹：「我也要買一個跟哥哥一樣的玩具。」 阿強：「我不要去上課。」 阿強：「玩具給媽媽保管，妹妹玩要經過我同意。」 妹妹：「哥哥打人要道歉！」 **大人協助將方法列出，無論行的通行不通，都可以列出。**
選一個試試	選一個雙方都同意試試看的方法。大人則在不違背安全原則或價值（如要上課）的前提下讓他們試試。
不行換一個	行不通再換一個上述列出的方法試試看。

結 果

> 如果大家都採取開放的態度，幾次之後，大人甚至不須要在場，孩子就會依樣畫葫蘆，直接來跟父母師長報告解決之道。

先讓孩子自己找方法解決

大人們常習慣直接給孩子解決問題的方法，但是替孩子解決問題是目的嗎？我們不是期待孩子們將來可以獨立自主，青出於藍嗎？

給孩子們機會吧！拿到球（問題），大人跳籃得分有什麼好處呢？

記住！傳球不投球；幫助不綁住！

把解決衝突的球傳給孩子，讓孩子能在教導下，依照上述的 4 個步驟（有什麼問題，有什麼方法，選一個試試，不行換一個）上籃得分！

但是孩子若因無法解決問題或衝突，而前來求助，大人們的態度也很重要。

把解決衝突的球傳給孩子，讓孩子在教導下上籃得分。

孩子們當然是需要幫助的；而且成人也有責任指出在什麼情況，一定要來尋求幫助。我們對於孩子前來尋求協助時所展現出來的態度很重要，因為這將決定孩子爾後對大人的觀感。

成人應歡迎孩子前來尋求協助，並指出尋求協助是一種勇敢的表現。

「謝謝你來參考我的意見。」

接著成人應以開放式提問來協助孩子自己想。

「現在有哪些方法呢？」

「最希望達成的目標是什麼？」

「現在的方法為什麼行不通？」

「有哪些阻礙呢？」

「如果再做一次，有哪些地方你可以改變？」

盡量不要跳下去解決問題；解決的方法如果是從孩子本身而來，做起來跟「被人指導」的動力一定不同！

記住！ 孩子傳球（問題）給你，請盡量回傳，讓他在適當的時機自己進球得分！大人得分有什麼用？

記住！ 我們是來幫助孩子成長的，不是用我們原有的那一套去綁住他們！

學習在衝突中道歉

有時候在餐廳或公共場合看到家長要求自己的孩子對與起爭執的另一方說對不起，其結果經常是，家長拼命催，孩子十分不情願，這種「對不起」恐怕兩造都不爽。因此如何恰如其分地指導孩子道歉也是一門學問，在衝突中會有踩剎車的效果。

「請、謝謝、對不起」這三個常用語因對不起涉及到不舒服的情緒，是相對困難的表達。

說「對不起」的同時，必須放下自尊承認錯誤，顯得軟弱，無怪乎勉強孩子說出「對不起」時，經常是心不甘情不願，因為他的位階立刻降了好幾級。再加上如果他覺得對方也有錯，或是自己被冤枉了，那就算說了，沒有一方會覺得舒服。不是真心的對不起，往往無法得到對方的原諒；有些隨口說說的對不起，又過於廉價，變成口頭禪似的，也毫無意義。

✎ 道歉的意義

道歉的意義在於：（1）明確知道自己做錯了（2）誠懇傳達歉意（3）了解未來可以改進的方式（4）請求對方接受。

一個誠摯且恰如其分的道歉需要相當的成熟度，是非常困難的事，我們只要想想自身的經驗就能明白。當孩子鄭重爲了某事道歉時，家長要留意孩子的情緒反應，適時的同理與協助。

例如：「跟小華道歉了，可是他還是不跟你說話，心裡一定很難過是不是？你想不想聊一聊呢？我也有類似的經驗。」

例如：「跟同學道歉，承認自己的錯誤，是需要很大勇氣的。我覺得你做得很好，相信你將來不會再犯一樣的錯誤。」

✎ 誠摯道歉的步驟

建議步驟：

❶ 停止手邊活動，專心地與對方做眼神的接觸。

❷ 說出自己的錯誤點。

❸ 說出將來要如何改進。

❹ 請求原諒。

❺ 謝謝原諒。

情緒案例

例如：同學來到霖芬面前，專心地與她眼神接觸，：「霖芬對不起，我不應該取笑你的名字。以後我不會這樣了，你可以原諒我嗎？」

同學來到老師面前，專心的看著老師：「老師對不起，我不該在班上布告欄上畫漫畫，以後我會畫在自己的圖畫紙上，你可以原諒我嗎？」

結 果

但也要提醒孩子，因為自己的錯誤，也許別人受影響的情緒程度很大，對方不一定會接受道歉，要有心理準備。可以事先協助孩子練習被拒絕時的說法與態度。

例如：「我感到很抱歉，讓你這麼生氣，希望以後有機會可以得到你的原諒，謝謝！」等。

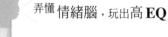

✎ 家長樹立好榜樣

家長犯錯時就是示範真誠道歉的最好時機。小到走路與人擦撞，不小心打翻茶杯，冤枉孩子而責罵錯誤；大到弄錯生意上的訂單，與親友鄰居的衝突誤解，都是做出好示範的良機。

例如：爸爸坐下來誠懇地看著孩子的眼睛：「孩子，很抱歉我誤會你打籃球太晚回家。媽媽告訴我因為要比賽了，所以她答應你可以多練一小時。沒有先弄清楚事實，就先責怪你，是我的不對，你可以原諒我嗎？」

這裡面涵蓋了有誠意的姿態（**坐下來平視對方的眼睛**），道歉的原因（**錯誤的責罵**），未來的解決之道（**以後會先弄清楚事實真相**），以及請求原諒（**你可以原諒我嗎？**）。

孩子們不肯道歉的原因很多，一個很值得大人同理的因素是：他的認知發展還不夠到了解大人們認為理所當然的因果關係。兩人相撞，兩人都覺得被撞；兩人爭玩具，都覺得自己先拿到的。因此身為大人的我們不要跳下去作法官分對錯，或作教練下指令，我們也要冷靜以對。

若沒有平日的道歉身教示範，也沒有事後的精神支持；只在倉促之間要孩子說出「對不起」，完全失去道歉的深刻意義。

記住！　協助孩子做出恰如其分的道歉，就是在了解錯誤與修正錯誤；隨口說出口頭禪似的對不起，徒然增加怨懟與不平而已。

☁️ 人際關係中的毒藥──霸凌

霸凌與衝突是迥然不同的兩回事！大人與孩子都要了解這一點！我們說衝突是成長過程中一定會有，且一定要有的歷程，但霸凌可不是喔！霸凌只會對人傷害，甚至成為一生的傷痕。

* 衝突是：不同意＋不愉快
* 霸凌則是：故意傷害＋長期羞辱

	意圖	起因	結果	過程	影響
衝突	偶發	不同意	雙方都不愉快	短暫	正面
霸凌	蓄意	傷害	被霸凌者：羞辱 加害者：興奮	長期	負面

從上述簡表可以窺見兩者的基本不同。

＊霸凌有權力不對等：如個子大的欺負個子小的，高年級欺負低年級，一群人拉幫結派隊欺負落單的同學。

＊霸凌有故意的惡意：如因忌妒而設計他人，散播謠言挑撥是非。

＊霸凌有長期壓力：如整個學期或每天放學時，都要面對高年級生討零用錢。

✎ 霸凌的種類

❶ 肢體霸凌
❷ 語言霸凌
❸ 網路霸凌
❹ 社會霸凌

前三者望文生義，後者則較為複雜。社會霸凌故意傷害對方的名譽、關係、財物等，如孤立某人，叫別人都不與其交往、散播某人的壞話、威脅他人交出物品或金錢；在公眾面前取笑某人、貼標籤等。霸凌可以面對面發生，也可以透過網路社交媒體。

　　要發生霸凌，經常需要幾種人。首先當然是霸凌者與受害者，但是霸凌之所以引起巨大傷害，往往是因為整起事件還有袖手旁觀者（**不管贊不贊同，卻什麼事都不作為者**），霸凌助手（**動手協助霸凌，如壓制、撐場面**），霸凌起鬨者（**在旁鼓譟、哈哈大笑覺得在看好戲者**）參與。儘管各個角色參與度頗為不同，但受害者面對這一切會更覺得孤立，更加受傷。

✎ 如何發現孩子被霸凌？

　　霸凌對孩子身心影響既大又深遠，家長對於孩子被霸凌的線索要有一定的敏感度。

以下幾個徵兆提供家長參考：

❶ 心事重重，睡不著，吃不下，功課退步。

❷ 身上有不明傷口。

❸ 失去平日的興趣與活潑。

❹ 逃避一些過去的常規，如去學校、補習班或球場。

✎ 如何面對霸凌？

霸凌對孩子的傷害巨大且持續，有人甚至終其一生都很難擺脫這個陰影，而引起許多心理問題。既然衝突與霸凌如此相異，解決衝突的方法自然不適用於處理霸凌，那該怎麼做呢？

1. 師長平日宜針對上述衝突與霸凌的不同反覆對孩子說明。

2. 師長宜針對周邊發生的霸凌素材進行機會教育，例如：電視報章所見、他人經歷。

3. 任何教育機構的師長均應有關於處理霸凌的清楚說明與防範，協助學生了解霸凌所引起的傷害，以及如果發生霸凌將如何處置，或加害者應接受的懲處。

4. 師長應鼓勵孩子如果有任何霸凌的可能性，都應報告師長以協助調查。如果孩子當時是旁觀者，也可以因報告而幫助到他人。

5. 師長須對霸凌情況做深入了解，務求客觀地得知全貌。在未知真相前，宜仔細調查，避免誤判。若孩子承認確有霸凌之事，請

沉著以對，切勿大呼小叫，或要孩子勇敢的回擊，或急著找霸凌者算帳。不要讓孩子心生畏懼，此後再也不告訴你了。

6. 師長對每一個有霸凌可能的報告都要認真以對；這種態度就是最佳的宣示。

7. 霸凌的處理宜應有數方介入：包括校方，牽涉到的孩子們及其家長，學生輔導中心，甚至被霸凌者的治療師或醫師。

大人懂了，一起說給孩子聽

問題解決高手的闖關秘笈：「停！我找找看」

· 這樣說：停！我找找看！

每一個人都是獨一無二的。

如果每個人都不一樣，那對事情的看法、喜好等就不可能都一致。想想班上的旅遊計畫好了，也許有人喜歡爬山，有人喜歡去遊樂園，有人喜歡去動物園，也有人根本不喜歡參加，只想在家睡懶覺呢！

對事情的看法與作法不一致，就會引起衝突，所以衝突是很難避免的。事實上也不要怕衝突，重要的是用甚麼態度去面對衝突。雖然衝突是不同意加上不愉快，但是好處也很多呢！

　　會處理衝突的人能促進彼此了解，會更有同理心，更能解決問題，更有耐心與韌性，最終還能找到氣味相投的朋友呢！我們可以說他們是現代闖關高手！

　　現代闖關高手的解決衝突通關密語是：停！我找找看！

停！我找找看！

停 聽 看	停 下來深呼吸或數數（**停一下**） 聽 聽別人說（**聽一下**） 看 看對方的情緒訊號（**看一下**）
我 訊 息	運用我訊息表達自己的情緒
找 問 題	究竟是在吵什麼？
找 方 法	有甚麼解決方法？
試 試 看	試試看想出來的方法，不行再換一個方法試試

·這樣做：情境練習

　　利用情境題（最近發生的真實事件更佳），來練習「停！我找找看」。

情緒案例

身為風紀股長的阿華，在班上排隊要入體育場表演時屢次大聲制止好友大文不要講話。

大文不高興的說：「你是風紀股長了不起嗎？那麼多人講話，幹嘛說我一個？」

「你最大聲，而且我講了那麼多次你都不聽。」

「你胡說？別人緊張，我安慰她一下，也是為班上好啊！」大文氣得滿臉通紅。

「你會變成害群之馬！如果每個人都跟你一樣，我們早就被判離場了！」阿華也提高聲量。

兩個人越說越大聲，眼看就要上場了，同學找了老師來……

兩個人都出自好意做好事：阿華盡責協助班上秩序，大文則是好意安撫同學，最後卻差點變成全版鐵公雞！

如果他們運用「停！我找找看」闖關秘笈，會怎麼樣呢？

停 聽 看	停一下：深呼吸，數到 10，先安靜。
我 訊息	**我訊息用「我」做主詞來說明自己的心情，而不用「你」。說自己，大家心裡會比較舒服。說別人，對方會更氣！** （O）大文：「我很不服氣，因為那麼多人都在講話，不是只有我一個」 （X）大文：「你是風紀股長了不起嗎？那麼多人講話，幹嘛說我一個？」 （O）阿華：「我覺得不高興，因為我已經說過了。」 （X）阿華：「你最大聲，而且我講了那麼多次你都不聽。」 （O）大文：「我覺得很委屈，別人緊張，我安慰她一下而已。」 （X）大文：「你胡說！別人緊張，我安慰她一下，也是為班上好啊！」 （O）阿華：「我擔心你會被大家責罵，如果我們被判離場！」 （X）阿華「你會變成害群之馬！如果每個人都跟你一樣，我們早就被判離場了！」
找 問題	究竟是在吵什麼？ 阿華怕被判離場不能比賽。 大文怕同學緊張表現欠佳。
找 方法	有什麼解決方法？ 大家把想到的方法都說出來或寫下來： 大文先不說話，而阿華的職務也先由副風紀代理，或由老師先處理，事後雙方再說明原委等……
試試 看	試試看想出來的方法，不行再換一個方法試試。

·做結論：<u>用我訊息說</u>

「停！我找找看」這個闖關秘笈可以幫助我們稍微冷靜一下，用我訊息說明自己的情緒與原因，降低彼此的敵意；然後想出好方法來解決問題，這樣一來，才會有更多的好朋友！

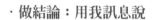 最好的「對不起」要有行動

·這樣說：<u>沒有行動的對不起就像吹泡泡</u>

在衝突中，如果發現錯誤在自己時，我們應該好好道歉。道歉並表示願意彌補改進，是一種負責任的表現。有時候我們可能覺得不想認輸，或是害怕別人生氣而不想道歉；如此一來，卻往往要付出更高的代價。

最好的「對不起」要伴隨著行動或有計畫；沒有行動或計畫的「對不起」就像吹泡泡一樣容易，但很快就破了。

·這樣做：<u>情境練習</u>

<u>情緒案例</u>

小明從教室中間跑過去，撞倒了小芬的水壺，小芬的作業簿因此弄濕了。小明很快地說聲「對不起」，繼續往前去。小明因為他

的道歉沒有伴隨行動，小芬覺得他毫無誠意，小芬決定告訴老師，結果小明因在教室亂跑而被處罰。

　　丁丁也從教室中間跑過去，撞倒了小芬的水壺，小芬的作業簿因此弄濕了。丁丁停下來，誠心的道歉。

停下來	專心地與小芬眼神接觸。
說出哪裡錯了	對不起，我不該在教室裡奔跑。
說出以後要怎麼做	我以後會好好走，不會在教室裡面奔跑。
請求原諒	你可以原諒我嗎？
謝謝原諒	謝謝你的包容。

　　丁丁花了兩分鐘誠摯的道歉，得到小芬的信任與原諒。

　　小明花了兩秒鐘吹泡泡似的吐出一聲「對不起」，不但得不到原諒，最後還付出被處罰的代價。

情緒案例

　　阿花在遊戲中偷看牌被發現了，阿強生氣的說她作弊。阿花起先否認，但其他人也指證歷歷，阿花氣急敗壞的說：「好啦！好啦！對不起！我又不是故意的！」

曉鈴在遊戲中也偷看了牌，阿強生氣的說她作弊。曉鈴起先否認，但其他人也指證歷歷，曉鈴停下來，誠心的道歉。

停下來	專心地與阿強眼神接觸。
說出哪裡錯了	對不起，我不該偷看牌。
說出以後要怎麼做	我保證不會再偷看牌了。
請求原諒	你可以原諒我嗎？
謝謝原諒	謝謝你的包容。

曉鈴花了 2 分鐘誠摯的道歉，得到大家的信任與原諒。

阿花花了兩秒鐘吹泡泡似的吐出一聲「對不起」，可是沒有人相信他的誠意。

· 做結論： <u>對不起要伴隨行動</u>

最好的對不起一定要伴隨一些行動，哪怕只是計畫，都會幫助我們成為更好的人！

✎ 認識「霸凌」

・這樣說：霸凌與衝突很不一樣

霸凌跟衝突很不一樣。衝突是「不同意」加上「不愉快」；可是霸凌是故意傷害加上長期羞辱！

幾個簡單重點來判斷是不是需要報告師長與父母的霸凌。

當發生的事件使得你：

❶ 感覺害怕多於生氣。

❷ 感覺孤立與焦慮。

❸ 整個心思都被這個事件佔據了。

❹ 被威脅不能告訴大人。

當有人故意傷害你，羞辱你，或是你見到有人被如此對待，這就是霸凌。

發現霸凌或遭遇霸凌一定要報告老師，告訴父母！

發現霸凌或遭遇霸凌一定要報告老師，告訴父母！

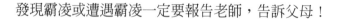

發現霸凌或遭遇霸凌一定要報告老師，告訴父母！

· 做結論：<u>報告老師，告訴父母！</u>

發現霸凌或遭遇霸凌一定要報告老師，告訴父母！

很重要，所以要說三次！爸爸媽媽一定會與你商量，找出最妥當的方式來保證你的安全！同樣的道理，你也不能霸凌同學朋友，以免傷害他人。

遊戲設計，深入學習

 遊戲 1：一起做行動九宮格

玩法

1. 用大張圖畫紙畫出九宮格。

2. 家中或班級中曾經運用過的衝突解決模式寫入九宮格。

3. 如果一時想不出來，可以慢慢地填入成功的解決方法。例如：
   猜拳、輪流、抽籤、找大人幫忙、道歉、禮讓、分享、比賽，
   先放一旁以後再解決等等。

4. 填好後，選一處張貼。

5. 請孩子們遇到衝突難以解決時，一起到九宮格旁選一個方
   法。

6. 九宮格也可以變成更多格喔！

猜拳	道歉	比賽
輪流	禮讓	找大人幫忙
抽籤	分享	

遊戲 2：角色扮演與角色顛倒

針對家庭或學校中容易上演的衝突狀態來做角色扮演。

玩法

例如：小黃與立仁在操場打起來！據同學說，小黃在阻擋立仁投球時，拉了他的衣服，立仁很不爽，一腳踢過去。而小黃說他只不過是輕輕碰到而已。但最終兩人都進了訓導室。

家中手足可以扮演一下角色，思考一下，如果是自己可以怎麼做？

例如：姊弟為誰先洗澡，先練琴，先玩玩具而爭執時的情境做角色扮演，再尋找解決方案。

再互換一下所扮演的角色。例如：小黃與立仁顛倒一下，姊姊與弟弟換位一下，看看會有什麼不同想法與做法。

角色顛倒是一種很好的同理心與換位思考練習。

遊戲 3：一起觀看霸凌相關影片

親子或師生可以一起觀看教育部或各縣市教育局霸凌短片，並一起討論。

如：

https：//www.youtube.com/watch ？ v=GHGdlxeCm-4

https：//www.hccvs.hc.edu.tw/ischool/publish_page/8/ ？ cid=2194

https：//www.hccvs.hc.edu.tw/ischool/publish_page/8/ ？ cid=2198

| 預防篇 |

設定目標向前行

說說動機！

■ 教養之前，家長要先懂

在說明社會情緒教育的五大目標，自我察覺（自覺）、察覺他人（覺他）、處理自己（自理）、處理人我（理他）、解決問題（衝突解決）之後，我們還有一個集大成的聖杯，那就是「設定目標」向前行。

設定目標是主動出擊，就需要「動機」，迥異於前述的情緒教育。

社會情緒教育是教我們在發生事情時何以自處，處理與他人的關係，以及解決產生的問題；這些的前提是「問題已發生」，因此是相對被動的。設定目標是主動地，有計畫地航向自己想去的方向；主動就代表要有動機，是自己的選擇。

動機怎麼來？

2016 年衛生福利部委託中華心理衛生協會，針對全台三千多所公私立國中小進行有關「心理健康促進」問卷調查，無論國中還是國小，排行第一名的都是學習動機問題。

走訪國中輔導室，作者的田野調查得到的結論與上述完全一致。老師面對的一大挑戰是學生不想學習，失去目標，沒有學習與生活動機，這與以前的時代有很大的不同。

✎ 什麼是動機？

心理學上解釋動機為——使人產生特定行為的力量，此力量可以被意識到，但也可以是在潛意識層次。動機可以來自生理面，如口渴、飢餓、性慾；也可以來自社會心理面，如想要被賞識認可、想要分享，或純粹喜歡、想要成就。動機可以來自個體本身，也可以被外物誘發，如金錢、獎品、讚美。

生理層面的驅力為生存所需，每個人皆然；因此我們一般討論的是社會心理層面的動機，此動機可由內而生（**自己想要的**），也可以因外而來（**父母／師長的期待、獎賞**）。動機使特定行為從啟

動，到維持再到完成。動機如何而來的心理學理論多如過江之鯽，
原因就在動機的起因還真的很複雜。

　　簡單來說，動機涵蓋三方面：

❶ **啓動** 行動的開始。

❷ **強度** 付出力量的多寡。

❸ **持續** 投下時間、精力、對抗壓力、克服困難。

　　例如：兩個都想成爲鋼琴家（**啓動**）的學生，他們都選上鋼琴課，
A 每天練琴 6 小時，B 則斷斷續續練了 2 小時（**強度**）；A 堅持學
習了十年，B 則在第四年遇到瓶頸時放棄了（**持續**）。從這裡可以
看出來兩者雖皆有動機，但孰大孰小不言可喻。

	A	A 動機	B	B 動機
啓動	想成為鋼琴演奏家	👍	想成為鋼琴演奏家	👍
強度	每天練 6 小時	👍	斷斷續續	✖
持續	持續 10 年以上	👍	4 年後放棄	✖

　　除了少數人外，大部分人的動機時大時小，也伴隨著意志力的
起伏，更與環境時時交互影響。身爲成人的我們該對動機有什麼認

識，才不會把孩子的動機弄丟了呢？

孩子的動機怎麼不見的？

還記得學步期的孩子如何四處探索嗎？好奇心是與生俱來的情緒之一，用來協助我們探索未知，每個人都會有；即使隨著年齡漸增，視野漸廣，也許不再那麼凡事好奇，但是都會在的。

那為什麼「缺乏動機」會變成最大的學生心理問題呢？身為成人的我們心中要有「動機」這個概念，經常想想自己的言行是增強還是削弱孩子的動機？如果希望孩子能主動學習，將來能有明確目標，還能持續不斷的追求，那一定不能成為孩子的動機殺手。

動機不見了的原因很多：

❶ 忘了到底是誰的動機

「我才知道你要什麼。你要做 A，做 B 沒有用。」

例如：「不要讀小說了，去複習學校功課，小說以後沒有用。」
➡ 有時候我們忽略孩子的喜好，以愛為名強迫孩子做他不喜歡的事，大人根本缺乏動機的概念。

❷ **錯用衡量標準打擊動機**

「做的這麼差，還說你還想要成為 XX 家啊！」

例如：「鋼琴不認真練，還想成為音樂家啊！」

➡ 我們喜歡以成敗論英雄，忘了孩子在過程中的付出，以致動機啟動後迅速消磨殆盡，無法持續。更別提有時候，師長也會批評與羞辱孩子呢！當孩子覺得自己不行的時候，哪來的動力呢？

❸ **錯用鼓勵方式降低動機**

「做得好就給 XX，做的不好就取消 XX。」

例如：「把房間打掃好，就給你 10 元。」

　　　「考 100 分，就可以得 100 元。」

➡ 外在的獎勵像難以饜足的胃口，可能越養越大，或漸漸失去吸引力。用對的讚美來鼓勵孩子，動機才能持續。

❹ **幫倒忙磨滅動機**

「我來幫你做，成效才會更好。」

例如：「這幅畫要再加些色彩才好，我幫你畫！」

➡ 在大人插手後，孩子逐漸喪失成就感與自信心；動機元素中的「強度」於是越來越小，反正怎麼做，大人都比我好。直升機父母就屬此類，始終在孩子四周逡巡，不停代勞。到最後竟然還抱怨孩子一點都沒有動機，都不自己做。

❺ 忽略動機訊號

根本沒有注意孩子的喜好，一味的想要把事物「了結」就好。正在閱讀或設計樂高的孩子，在父母機械式的要求下，動機逐漸消失殆盡。

例如：「洗澡後先去寫功課再彈琴，聽一段故事後就上床睡覺。」

➡ 疲於奔命的家長，加上也忙的毫不遜色的現代孩子；大人們只求能跟上同儕的腳步，哪有奢侈的餘裕陪著孩子探索興趣呢？孩子動機的小芽根本沒有生長的機會啊！

❻ 無趣的學習泯滅動機

本來對部分學習內容感興趣的，在大人的要求下，只好捨去有趣的部分，於是日久生厭，一點兒也找不出學習中有趣的部分。

例如：「把這題記起來，考試會考」、「考試快到了，要做總

複習，今天的體能課不上了」、「看那些小說沒有用，考試又不考。」

➡ 動機與情緒最相關了！動機與好奇、愉悅、興奮、滿足等舒服的情緒是好朋友，如果環境不停剝奪孩子的好奇心、愉悅感與成就感，其結果可想而知。

❼ 以「未來」名義施壓削弱動機

總是用未來來警告孩子，使得原來萌芽的動機在類似恐嚇的言詞下消失。

例如：「我是為你好，現在辛苦一點，好好讀書，不要顧著畫畫，以後才能有好工作。」

➡ 孩子對未來既期待又怕受傷害，如果大人總是用未來嚇孩子，孩子對於自己既喜歡又想追尋的事物，因大人描繪的「未來」面太嚇人，而開始懷疑，這些恐嚇很容易澆熄動機。

❽ 動機強度降低時，沒有適時鼓勵

一定會有動機下降時，因為無論誰都會遇到困難、競爭與失敗。如果師長沒有適時鼓勵，動機之苗也會枯萎。

例如：「算了啦！你已經兩次比賽都輸了，花那麼多時間值得嗎？」

➡師長的責任之一是協助孩子度過這些困頓，同理目前的處境，讓孩子仍保有動機。例如：「學習這些程式雖然很累，但是都是將來的基本功，加油喔！武林高手也是從挑水劈柴練起。」師長適時的鼓勵，可以使動機持續。

讚美、鼓勵，滋養孩子的動機

動機啓動與個體本身較相關，但之後會有多大的強度與多久的續航力，則受環境的影響很大。家長如果懂得用對的方式加以鼓勵，動機的三元素——啓動、強度、持續，就能被滋潤孕育，而不致枯萎。

✎ 對的讚美方式：仔細描述

對的讚美方式是帶著誠懇的態度去描述並說明欣賞的角度，期許孩子更願意朝著目標前去。

（Ｘ）你畫得很漂亮，以後會成爲大畫家喔！

（Ｏ）五彩繽紛的花朵配上不同層次的綠草，看起來就想在上面跑跑跳跳，好生動喔！你對顏色的運用技巧很不錯呢！

（Ｘ）你很聰明喔！考 100 分！

（O）哇！考 100 分！表示這次老師教的部分你全都學會了，我注意到你很認真地複習功課呢！

孩子非常聰明敏銳，成人是隨口說說，還是真心誠意，很難瞞過他們。上述帶著誠意敘述的讚美是不是會讓孩子將來更注意顏色的運用與認真複習功課呢？

用對的方式讚美之後，如果再聽聽孩子對自己的評價將會大幅增加親子，師生之間的對話深度。

（O）「你自己最喜歡這幅畫的哪些地方？」

（O）「考了 100 分，可以分享一下你的感受嗎？」

（O）「我很想知道你自己的看法。」

記住！有效的鼓勵不是空泛的讚美：

（X）你好乖。

（X）你好聰明。

（X）你好厲害。

沒有仔細描述的讚美好像不清不楚的指標，看多了就知道沒有

用，喜歡寫文章的孩子拿著作品來給大人看，每次都是「你好棒！」有什麼意思？仔細描述，會不會讓孩子更覺得有人欣賞及支持呢？

✎ 好的獎勵方式：行爲的結果本身

關於如何獎勵孩子的理論眞是各有千秋。從早期棍棒與紅蘿蔔齊飛理論到精神獎勵、集點扣點的代幣制度，再到金錢禮物，每個家庭各有各的系統。事實上，獎勵方式與孩子的年紀、情境、目的等息息相關，所以並沒有一體適用的情事。

動機相關的獎勵基本原則是：

❶ 眞誠的精神獎勵勝過物質。

❷ 延宕的獎賞可以提高期待。

❸ 獎勵是結果不是誘因。

許多實驗證明獎賞不見得會使孩子下次更有動機。學者李波（Lepper）做了一個有趣的實驗：他將小朋友分成預期得獎（先告知可能會有獎），意外得獎與無獎可得等三組，在喜歡畫畫的小朋友（已經有畫畫動機了）畫完後依組別給獎或不給獎，但無論有沒有獎，老師都會給予回饋。

　　兩週後觀察孩子對畫畫的熱情與持續度，竟然是預期得獎者最低。這些原來喜歡畫畫的小朋友們的動機怎麼不見了？預期得到的獎項為什麼變成「動機殺手」？實驗結果認為，孩子可能已經被獎賞這件事暗示了——獎品比你現在從事的事要更好，要不然怎能稱為獎賞？因此師長對於給予孩子獎賞這件事，宜多加思考，視不同狀況而定。

　　在一些習慣尚未建立之初，以集點等獎賞方式鼓勵孩子，大家都會感到快樂，較有動機去執行。此外，若師長希望孩子嘗試一些目前尚缺乏動機的事情，例如：練琴、念書、游泳，集點式獎勵也對動機啓動有幫助。

　　但是請記得，除了習慣的養成或引起動機外，獎勵最好是行為的結果本身。有時候家長會說：「每考一科 100 分，就給你 100 元！」，或是：「好好做 XX 事，就給你買一支 iphone。」這類以獎賞為前提的方式，可能會導致吸引力逐漸下滑，或是使孩子學會討價還價，加深彼此的挫折感。

　　但是如果可以把獎賞從前提轉到行為的結果本身，藉以強化動機，比較不會掉入狀似與孩子進行「買賣」的窘境。

例如：「大家都陶醉在你的琴聲中，你一定很高興吧！我們都替你開心呢！」

➡ 讚美「大家都陶醉」是行為（彈琴）本身結果的獎賞。

例如：「你畫的這幅花園色彩繽紛，真像春天的景色，看了就覺得心情爽朗！我可以把它裱框掛在書房牆上嗎？」

➡ 讚美「看了就覺得心情爽朗」是行為（畫畫）本身結果的獎賞。

好的獎勵不是賄絡，不是買賣，不是理所當然的紅利；與對的讚美一樣，他們都是滋養動機的溫床。

「2好3可」目標設定法：維持並達成目標

有了起始的動機後，要設法維持並達成目標。

這話說來容易，做來很難；原因經常出在缺乏有效的「目標設定」概念。有了設定目標的好方法就像是拿到了一張條理分明的地圖，準時抵達目的地的機會大很多；相反的，空有一個好目標，卻沒有好方法去達成，有如拿到一張模糊晦澀的地圖，抵達目的地的機會與時程很難預料呢！

　　好的目標設定法應該是：好目標、好明確、可測量、可計時、可達成。簡稱為「2 好 3 可」目標設定法。

2 好 3 可目標設定

好	目標	好目標應該有益於我們的身心健康。
好	明確	好目標必須要明確，不可模糊不清。
可	測量	設立的目標應該可以度量。
可	計時	設立目標時要有時間架構。
可	達成	設立的目標如果認真執行，就可以預期會發生，不是遙不可及的幻想；但也不會超過能力範圍。

　　例如：想要養成每天運動的好習慣。先從小目標開始，再慢慢加大。

　　2 好 3 可目標設定：每天上午跟著 YouTube 做 15 分鐘健身操，連續做 2 週。

2 好 3 可目標設定

好	目標	每天運動是有益身心健康的。
好	明確	方法明確（跟著 YouTube 做健身操）。
可	測量	時間 15 分鐘。
可	計時	時間架構為 2 週。
可	達成	設立的目標如果認真執行，就可以預期會發生，不是遙不可及的幻想；也不會超過能力範圍（如果設為每天重訓 2 小時，也許很難達成）。

這個目標達成之後可以再設定目標：每天上午跟著 YouTube 做 30 分鐘健身操，連續做 2 週。如果做得到，成就感也產生了，再維持或繼續修正目標就容易許多了！

例如：想要改掉吼孩子的壞脾氣。

2 好 3 可目標設定：連續 2 週，每週至少有 3 天在上學前不責罵孩子，想要吼的時候就連續深呼吸。

2 好 3 可目標設定

好	目標	不亂發脾氣是好目標。
好	明確	方法明確（上學前不責罵孩子）。
可	測量	每週至少有 3 天在上學前不責罵孩子。
可	計時	時間架構為 2 週。
可	達成	設立的目標是如果認真執行，就可以預期會發生（每週 3 天，接著 4 天……），不是遙不可及的幻想；也不會超過能力範圍。

如果設為「我再也不會吼孩子」，固然是好目標，卻難以具體起步，往往沒多久又開始河東獅吼了。上述目標設定才是：好目標、好明確、可測量、可計時，也可達成。等到做到了，逐漸有信心，再繼續加大目標。

日常生活中若大人自己就是「2 好 3 可」目標設定法的實踐者，並逐步的爲孩子解說，他們應該很快學會的。

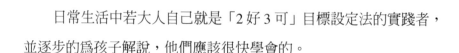 ## 面對壓力怎麼做？

有時候我們會以爲只有大人有壓力！吃穿接送都是我在負責，孩子上課念書，哪來的壓力？才怪！孩子在 6 個多月起就有陌生人焦慮，這就是明顯的壓力之始。在兒科診所此起彼落的哭聲說明就醫的壓力，更別提學步兒到托兒所、幼童到幼兒園，再到小一生入學的焦慮比比皆是。

事實上早在嬰兒期，嬰兒就會經歷「二手焦慮」，父母的壓力會經由聲音、表情、觸覺傳給孩子，這可能也是演化上生存之必要，好從他人的反應得到更多環境訊息。實驗顯示，媽媽先依活動分組（遭逢不同壓力），然後測量嬰兒在與媽媽團聚後的心跳等生理指標，發現媽媽有壓力的寶寶如實的「接住」媽媽的壓力，心搏跟著加快。

壓力是一種身體感受或情緒張力；有時是一種助力，有時是一種阻力。剛剛好的壓力很健康，好像小火慢煨，緩緩釋出食材的美

味；反之太大的壓力就不健康了，一味大火，很容易燒焦食物或炸鍋。健康的壓力幫助我們更努力地學習或工作；不健康的壓力讓我們感到挫折，影響我們完成目標。

在孩子設定目標向前行時，也一定有挫折有壓力。我們的責任就是注意壓力的強度，將不健康的壓力大火，轉到剛剛好能烹煮食物的小火。

✎ 留意壓力反應

有些線索提醒大人，孩子正在經歷不健康的壓力；包括情緒，生理與行為。例如：

情緒面	生理面	行為面
焦慮、易怒	頭痛、肚子痛	睡太久或睡太少
喜怒無常	噁心、疲倦	緊張反應 （如：咬指甲、來回踱步）
不快樂	對聲音或噪音敏感	拖延工作

當有上述變化發生時，應該思考一下可能造成的壓力源。每個人都有不同的壓力源：有人上台如魚得水，有人嚇到暈倒；有人遇到生人興奮好奇，有人舌頭打結；有的孩子期待比賽，有的孩子視為畏途。因此大人應綜合孩子的氣質、年齡、興趣，與顯現出來的線索做出綜合判斷。

有時候連大人也不知道自己的壓力源，更遑論孩子。例如：有些人在多年後才發現自己每次登機前就腹瀉，但是他從來也不覺得自己害怕搭飛機，此時才知道潛意識力量之大。尋找壓力源時，身體有時會給出最誠實的答案。當大人覺得稀鬆平常的事，卻發現孩子不停咬指甲時，不妨停下腳步靜下心來，想一想孩子有沒有什麼壓力源呢？

✎ 壓力源

哈佛大學兒童研究中心把孩子的壓力源分三種：

❶ **好壓力** 心跳短時間加快，但各種壓力相關生理反應很快就過去。

❷ **可容忍壓力** 反應稍微持續久一點，但會因環境的支持而消失。

❸ 有毒壓力 持續的造成生理反應，且無支持系統。

所以壓力源有沒有毒，造成的壓力健不健康與支持系統最有關係。美國心理師醫學會做過一份家長到底了不了解孩子的壓力研究，發現五分之一的兒童說他們覺得壓力大到破表（大於8分／10分），可是只有3%的家長覺得孩子壓力很大。20比3，這中間誤會頗深啊！

根據台灣兒福聯盟所做的調查顯示，台灣兒童的壓力源8成來自課業；其他的壓力源分別是：交友、外表、家庭經濟狀況與疾病。如果加上兒福聯盟所做的另一份兒童心願調查，第一名的願望是功課進步，就可以發現案情並不單純喔！壓力大的兒童與焦慮的父母可能共生喔！

✎ 期待與壓力有關

期待與壓力是一樣的，適度都是有益的，過度就會有毒。好多成功者都說過，師長的信任與期許是他們成功的動力。相反的，也有許多人泣訴師長如何澆熄他們的熱情。

　　鋼琴家郎朗回想小時候父親對他的期待與操練簡直是魔鬼訓練，許多時刻他幾乎都要放棄了；時至今日，他即使感謝父母養育，也對這種教育方法很不以為然。郎朗活下來了，但有不計其數的其他動機小苗就此枯萎。

　　大人有時得問問自己是不是成了孩子的壓力源？符合孩子能力且能達成的期待是實際的，如果超出能力無法達成的就是不實際的。可惜的是，沒有專家能給出一個公式來設定最好的期待與最佳的壓力強度，大人們得根據孩子的反應，用最真誠的心來體會。

　　過大的壓力會形成挫折感，本能就會想逃避。如果我們對某件事有了動機，在付出努力之後卻因壓力而退卻，實在太可惜了。如果壓力下缺乏支持系統，或甚所依賴之支持系統竟是壓力源之一，那就真的會把孩子的動機搞丟了！

✎ 如何紓解壓力？父母先減壓

　　健康的壓力因應策略無分年齡，基本原則一致，不外乎充足的睡眠、足夠的休閒運動時間，養成愉悅健康的嗜好、吃的健康、作息正常等。強烈建議師長孩子一起做身心安頓活動，或稱察覺靜坐

與正念（請見第 3 章）；這種基本功可以協助我們專心注意當下的呼吸，使自主神經系統進入穩定狀態。

此外，別把時間填得太滿，許多創意都是在身心輕鬆下產生的。現代父母很容易不知不覺陷入親職競賽，當四周的家庭炫耀孩子的多才多藝或特異稟賦時，就啓動跟風模式。孩子不是任我們雕琢的盆栽作品；那樣也長不出自己的味道。

也許父母要先減壓喔！

大人懂了，一起說給孩子聽

用故事來說明設定目標的重要

·這樣說：<u>喬登的故事</u>

籃球巨星喬登在高中時曾經被嘲笑太矮，籃球一定打不好而感到痛苦。你沒聽錯，那時他被認為不適合打球，高二時還被踢出球隊。

他並沒有放棄夢想，反而在家人的鼓勵下與哥哥開始練球計畫。他一直告訴大家，目標不要一下子設的太大，要一步一步設才正確。他還為此寫了一本書《我無法接受不去試試看》（I can't accept not trying）來告訴大家他是如何成為巨星的！

他的目標設定法就像爬山一樣，儘管你想去的是峰頂，也得先爬一段，再爬一段，再爬一段。因為沒人飛的過去。他建議目標要

合理並可測量，努力就可以達成，而不是遙不可及的幻想。這樣一來，認眞做就會有滿滿收穫與成就，這就成爲繼續走下去的動力！他同時也舉例：如果你想成爲一個生物學博士，可是現階段你的生物學成績是 C，那就設定花一段時間先達到 B，之後再達到 A！然後在其他學科上也一樣設定目標一步步向前進。

　　只要是一個好目標，就可以因爲一步一步來而變得很接近。例如：明仁（化名）想組織一群人一起滑冰，可以一起玩又能切磋技巧；這是一個好目標，最後她竟然組織了上千人一起玩呢！這是一個發生在中國大陸的事，明仁是怎麼辦到的呢？她從兩個人開始，每個星期練習，變化活動內容；隨著加入的人變多，增加組別，最後在一年內變成千人規模。

　　類似的故事俯拾皆是，也可以從時事中獲取例子。

．做結論：目標可以遠大，但要穩紮穩打

　　當我們有了一個很想達成的好目標，然後用對方法來設定目標，一步一步腳踏實地，成功的機會就加大了。目標可以遠大，但要穩紮穩打。

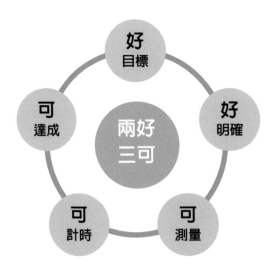 一起想方設法—— 2 好 3 可目標設定法

・這樣說：目標一步一步設定才正確

如果你是當年的小喬登，如何達標呢？國外有人提出 SMART 目標設定法，我們則採用「2 好 3 可」目標設定法。

許多人因為沒有事先設定「2 好 3 可」目標，所以難以達標，原因是目標設定太大、不切實際且無法達成。2 好 3 可目標是好目標、好明確、可測量、可計時、可達成。這個目標設定法將幫助我們更容易達到心中所願。

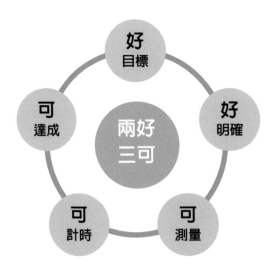

喬登可以如何達到成為 NBA 球明星的終極目標呢？

我們用「2 好 3 可」試試看！

＊**好目標**：下學期進入學校籃球校隊。

最初的 2 好 3 可目標設定：這一個學期，每天下午 3 點半到 5 點半到公園籃球場練習，每週至少 5 天。

2 好 3 可目標設定

好 目標	進入學校籃球校隊是好目標。	
好 明確	方法明確（在公園籃球場練習）。	
可 測量	每週至少 5 天，在下午 3 點半到 5 點半於籃球場練球。	
可 計時	時間架構為一學期。	
可 達成	設立的目標是如果認真執行，就可以預期會發生（不是遙不可及的幻想，也不會超過能力範圍。如果一下子就想進入 NBA 就不切實際。）	

· 做結論：**循序漸進**

許多登山愛好者最大的夢想就是攀登喜馬拉雅山的珠穆朗瑪峰，但是攀上峰頂前的準備至少需要 3 ～ 4 年。登山者在這期間要有健康的身體狀態，極佳的負重能力，紮營與攀登技巧，還要能適應高山氧氣稀薄的情境等。

　　因此專家建議要登頂成功，務必循序漸進。「循序漸進」就是從小目標，中目標，大目標到次高山的模擬練習。生活中的大小事，都跟登山一樣，如果利用「2 好 3 可」目標設定法，成功的機會會變大喔！

成為抗壓高手

· 這樣說：健康和不健康的壓力

　　壓力是什麼？考試緊張到一直發抖？上台唱歌，卻感覺心臟跳個不停，好像快要從嘴巴裡跳出來？這種令人緊張、焦慮、害怕、恐懼的情緒感受，加上心跳加快、呼吸急促、口乾舌燥、手心冒汗、吃不下睡不著等生理現象，就代表你有壓力了！有許多的狀況都會表現出上述的情緒感受與身體現象，壓力常常發生在需要表現良好的事情上，例如：考試、比賽、表演、表現、生意、業績等。

　　想一想：

　　＊如果明天第一節課時要打預防針，會產生壓力嗎？如果會，會表現在身體的那些部分？

　　＊如果下一堂音樂課要抽籤上台獨唱，會產生壓力嗎？如果有，會表現在身體的那些部分？

　　＊今天數學考不及格，成績單要帶回家給爸爸媽媽簽名，會產生壓力嗎？如果有，會表現在身體的那些部分？

　　＊暑假要參加夏令營一個星期，很想去玩，可是一個人也不認識，會產生壓力嗎？如果有，會表現在身體的那些部分？

　　壓力會讓人感到不舒服，但是壓力也可以成為督促我們前進的動力，例如：雖然比賽讓人有壓力，可是會協助我們有計畫地積極學習。健康的壓力很快克服，很快過去；不健康的壓力持續很久，而且影響心情、身體與作息。當有不健康的壓力產生時，可以跟師長一起討論如何面對。

・這樣做：健康舒壓策略

　　大人可以參考下頁的表與小朋友討論他們最喜歡，也認為是健康的舒壓策略。

○ 健康的壓力因應策略	× 不健康的壓力因應策略
跟朋友或家人討論遇到的困難	酗酒或使用毒品
外出散步或健行	自己一個人吃掉一整個蛋糕
身體活動（瑜珈、跆拳道、跳舞、游泳）	睡整天
數到 10，讓自己有時間思考	對家人或朋友生氣
尋求師長的建議	對自己說，「我就是這麼笨啊！」
面對恐懼原因（如：假如你需要演講，可以事前多練習讓自己自在一些）	玩電動玩具拖延時間
選擇食用健康食物	長時間使用網路或遊戲來逃避學校功課或做家事
練習深呼吸或靜坐	咬鉛筆、紙張或其他物品
畫圖或進行藝術創作	抽菸
閱讀喜愛的作品	戳自己的手臂

遊戲設計，深入學習

 遊戲 1：心願大助攻

材料

在紙盒中間切割出 1 個狹窄開口（可進不出），用包裝紙包裝紙盒。

玩法

請家中成員將自己最想要的心願寫下來，折好放入紙盒中。選擇一個假日開箱，並由家人共同針對心願討論可行性、互助性、執行性等。

例如：哥哥想要全家騎單車環島。如果家人都認為可以助攻，那要每個人都會騎車才行。

心願大助攻：全家可以騎車環島。因此首先教會媽媽與弟弟騎車。

第一個 2 好 3 可目標：媽媽與弟弟學會騎車。

* **2 好 3 可目標設定**：媽媽每天早上在公園練車 30 分鐘，持續 2 週，弟弟下課後由哥哥陪同在學校操場練車 30 分鐘，持續 2 週。

2 好 3 可目標設定

好 **目標**	騎車是有益身心健康的
好 **明確**	方法明確（媽媽公園練車，弟弟操場練車）
可 **測量**	時間 30 分鐘
可 **計時**	時間架構為 2 週
可 **達成**	設立的目標是如果認真執行，就可以預期會發生，不是遙不可及的幻想；但也不會超過能力範圍

第二個 2 好 3 可目標：全家一起做短程騎車練習

＊ **2 好 3 可目標設定：**全家利用 2 個週末到遠處的自行車觀光步道（一圈需時 2 小時）練習騎車。

第三個 2 好 3 可以是：全家做一日遊的騎車旅遊

＊ **2 好 3 可目標設定：**全家利用一天的時間，從 XX 市騎到 XX 市，每兩個小時車程休息 30 分鐘，共 5 小時。

最後齊力完成哥哥的心願！

例如：媽媽的心願是每天大家都可以自動起床，不必她聲嘶力竭，辛苦挖人。

如果大家都願意配合，就可以啟動心願大助攻！

心願大助攻：每個人都可以在鬧鐘響後自己起床，不必媽媽叫。

> 第一個 **2 好 3 可**目標：每人每週至少有一天聽到鬧鐘響就起床，並告訴媽媽。這樣持續 3 週。

> 第二個 **2 好 3 可**目標：每人每週至少有兩天聽到鬧鐘響就起床，並告訴媽媽，持續 3 週。以此類推……。

☁ 遊戲 2：我想變變變

要成為更好的人，一定有些地方需要做改變。邀請全家人來設定目標做改變。先找一個最想要改變的目標，利用兩好三可目標設定法來實現。

例如：曉華想要做一個更好的弟弟。
2 好 3 可目標是：從今天起我要每天跟哥哥一起玩 30 分鐘都不吵架，為期 1 週。

好	目標	成為好弟弟，我要減少跟哥哥吵架的時間
好	明確	方法明確（一起玩時不吵架）
可	測量	每天跟他玩 30 分鐘不吵架
可	計時	連續 1 週
可	達成	設立的目標是如果認真執行，就可以預期會發生，不是遙不可及的幻想；但也不會超過能力範圍（如果只說想要做一個更好的弟弟，就太抽象了）。

例如：姊姊想要成為一個好人緣的人。

2 好 3 可目標：每天上午至少跟老師及 5 個同學問好，連續 1 週。

好	**目標**	成為好人緣的人，我要主動對人表示友好
好	**明確**	方法明確（對老師同學問好）
可	**測量**	每天跟老師及 5 個同學問好
可	**計時**	連續一個星期
可	**達成**	設立的目標是如果認真執行，就可以預期會發生，不是遙不可及的幻想；但也不會超過能力（如果只說要變得人緣很好，就缺乏具體行動來起步！）

像這樣，爸爸媽媽也一樣要說出自己想要改變的地方喔！

🌥 遊戲 3：製作開心地圖

如果沒有開導、啟發、思考，大部分的人只是隨波逐流，並不真正了解自己的喜好。每個人都來製作一張開心地圖吧！有時候會發現一些線索，引起動機，達成目標呢！

玩法

在 1 張大圖畫紙上，畫上一棵樹貼在牆上。1 個月之內，每當自己因為某件事而感到開心時，就畫一片葉子（或一朵花），在葉片上寫下這件事的內容並貼在圖畫紙的樹上。

1個月後，時間到了，大家拿下圖畫來分享自己的開心地圖。

媽媽：「我有3次是讀完書後開心，有3次是出去跟好朋友喝咖啡，有1次是買到想要的包。」

爸爸：「我有4次是打完羽毛球，有2次是解出所有字謎，有1次是被老闆稱讚。」

哥哥：「我有3次是數學考100分，4次是踢進球，2次是玩媽媽手機。」

姊姊：「我有3次是週六跟林老師的戶外活動課去採石頭，2次是音樂課唱歌……」

在開心地圖活動裡，師長可以幫助孩子了解自己的興趣喜好，加強動機，以及互相支持鼓勵。

弄懂情緒腦，玩出高 EQ

寫給親師的 20 個情緒遊戲，以故事、互動遊戲玩出孩子的高情商

作　　者 / 廖璽璸
選　　書 / 林小鈴
主　　編 / 陳雯琪

行銷經理 / 王維君
業務經理 / 羅越華
總 編 輯 / 林小鈴
發 行 人 / 何飛鵬
出　　版 / 新手父母出版
　　　　　城邦文化事業股份有限公司
　　　　　台北市中山區民生東路二段 141 號 8 樓
　　　　　電話：(02) 2500-7008　傳真：(02) 2502-7676
　　　　　E-mail：bwp.service@cite.com.tw
發　　行 / 英屬蓋曼群島商家庭傳媒股份有限公司城邦分公司
　　　　　台北市中山區民生東路二段 141 號 11 樓
　　　　　讀者服務專線：02-2500-7718；02-2500-7719
　　　　　24 小時傳真服務：02-2500-1900；02-2500-1991
　　　　　讀者服務信箱 E-mail：service@readingclub.com.tw
　　　　　劃撥帳號：19863813
　　　　　戶名：書虫股份有限公司

香港發行所 / 城邦（香港）出版集團有限公司
　　　　　香港灣仔駱克道 193 號東超商業中心 1F
　　　　　電話：(852) 2508-6231　傳真：(852) 2578-9337
　　　　　E-mail：hkcite@biznetvigator.com
馬新發行所 / 城邦（馬新）出版集團 Cite (M) Sdn Bhd
　　　　　41, Jalan Radin Anum, Bandar Baru Sri Petaling, 57000 Kuala
　　　　　Lumpur, Malaysia.
　　　　　電話：(603)90563833
　　　　　傳真：(603)90576622　E-mail：services@cite.my

封面設計 / 徐思文
版面設計、內頁排版 / 徐思文
製版印刷 / 卡樂彩色製版印刷有限公司
2024 年 03 月 14 日初版 1 刷
Printed in Taiwan 定價 460 元
ISBN：978-626-7008-73-7(紙本)
ISBN：978-626-7008-71-3(EPUB)

國家圖書館出版品預行編目 (CIP) 資料

弄懂情緒腦，玩出高 EQ：
寫給親師的 20 個情緒遊戲，以故事、互動遊戲玩出孩子的高情商 /
廖璽璸著 . -- 初版 . -- 臺北市：新手父母出版，城邦文化事業股份有
限公司出版：英屬蓋曼群島商家庭傳媒股份有限公司城邦分公司發
行 , 2024.03
　　面；　公分 . -- (好家教；SH0178)
ISBN 978-626-7008-73-7(平裝)
1.CST: 情緒教育 2.CST: 親職教育 3.CST: 兒童遊戲
　　　　　528.2　　112019820